Maurizio Miragoli

La pelle del tasso

Maurizio Miragoli

La pelle del tasso

Un viaggio bella cultura bianca in Nigeria

JustFiction Edition

Imprint

Cover image: www.ingimage.com

Publisher:
JustFiction! Edition
is a trademark of
International Book Market Service Ltd., member of OmniScriptum Publishing Group
17 Meldrum Street, Beau Bassin 71504, Mauritius

Printed at: see last page
ISBN: 978-620-0-48782-7

La Pelle del Tasso

La vita è come andare in bicicletta,

se vuoi stare in equilibrio devi muoverti

A.Einstein

INDICE

SMARRIMENTO

Come il vento polare che scarnifica le ossa con il suo gelo penetrante, così il Sole d'Africa dolce e implacabile scioglie il cervello. Il passo si fa più incerto, la fatica, il caldo, verrebbe quasi da correre per accorciare la distanza ma non lo fa, perché non c'è nulla verso cui correre, esiste solo la certezza di essersi perso, certezza che ad ogni passo aumenta incessantemente. Arrivo fino a quella curva e poi decido che fare si dice, è già la terza curva, il secondo dosso, il terzo incrocio che si ripromette di tornare indietro. Indietro si ma dove, anche la convinzione di saper ritrovare la strada del ritorno ripercorrendo i propri passi sta venendo meno. Ansima, anche le scarpe si stanno scavando una loro strada, hanno già bucato la calza ed entrano sempre più nella pelle. Si ferma, deve scendere a patti con il proprio ego e considerare che sì, si è definitivamente perso, unica chance ricordare l'indirizzo di casa, usando una memoria mai stata utile, e chiedere. Il manuale di sopravvivenza e il corso di istruzione sono stati precisissimi, non chiedere a militari, non chiedere mai alla polizia, non chiedere nulla a nessuno, è inutile e pericoloso. Gli si avvicina una donna e gli dice in quell'inglese mai chiaro, mai immediatamente comprensibile, se non ha paura. Non ci aveva pensato, infatti fino a quel momento non ha avuto paura, e non c'è nessun motivo per averne, sta camminando in una bella città, su un marciapiede alberato e ben spazzato, sulla strada principale della capitale dello stato più importante d'Africa dopo il Sudafrica, come i Nigeriani amano definire la loro terra, e perché dovrebbe aver paura? In realtà i motivi sono moltissimi, fanno parte di ciò che si sa di questi luoghi, e di ciò che si è sempre immaginato. Chi mai si può interessare della Nigeria, stando felicemente seduto difronte allo schermo di un computer impegnato a scrivere di grotte, di montagne, di esplorazioni, in quel mondo felice che è una grande città del nord dell'Italia? La sua paura è per lo più legata all'irrazionale disagio che prova difronte ad un nero, che abita la sua mente da quando la mamma per farlo stare fermo mentre mangiava la sera, gli diceva di non uscire dalla cucina che nel corridoio si nascondeva l'uomo nero.

Adesso è un adulto, ne ha passate tante, è colto ed è troppo vecchio ormai per aver paura di qualcosa. Disagio ecco, è questo che sente, un profondo scollegamento tra quanto si era messo in mente di fare quella mattina uscendo a piedi per conoscere un po' la zona, e quello che si trova a vivere in quel momento. "Non ho paura", risponde guardando dritto negli occhi la donna, ed aggiunge, "di cosa dovrei aver paura?" E lei pronta gli risponde: "non ti sei accorto di esser l'unico uomo bianco in questa zona, non hai paura di Boko Haram?". No, non si era accorto di essere l'unico bianco, aveva notato, che tutti lo guardavano con insistenza, che qualche bambino aveva cercato di toccarlo, che qualcuno si era fermato e gli aveva detto "buon giorno come va?" e subito si era sentito in un piccolo paesino sperduto del sud-Italia, dove queste cose avvengono normalmente, dove chi ti passa accanto e non sa chi sei, vorrebbe fermarti e chiedertelo, ed ogni tanto lo fa, e proprio stamane non ci aveva pensato. Invece la parola Boko Haram qualcosa lo trasmetteva, ma nulla di preciso, solo dal subconscio emergeva una sorta di inquietudine. Se ne era andato lasciando alle sue spalle la donna in piedi che lo fissava, e si era detto che era meglio muoversi da quel posto e andare via, dove non lo sapeva ma altrove. Altri cento passi nel nulla, inutile continuare a camminare, si stava avvicinando troppo alle colline, ma da casa non si vedevano colline. Che coglione!

Deve chiedere a qualcuno qualcosa, ma ahimè non sa cosa, si è addirittura dimenticato la via dove abita, con quel nome così assurdo che sembra un giochetto per bambini, no un lecca lecca, un lolli... lollipop. Lollipop street. Il numero non conta, non lo deve chiedere ad un taxi, che tra l'altro nel manuale del perfetto rapito c'è scritto di starci il più lontano possibile. Si è perso a piedi, figuriamoci sul sedile dietro di un'auto di color verde improbabile, con i vetri sudici e rotti, che lo potrebbe portare dove vuole. E poi non ha soldi in tasca. Sono appena arrivati, da Malpensa ad Abuja 7 ore di volo, da -2° a +37° nel giro di pochissimo tempo, non ha telefono, soldi, orientamento, ma chi mai gliel'ha fatto fare di uscire e vedere cosa c'era fuori, di come fosse l'Africa, degli elefanti dei tucul...

Limpoponi street, sì Limpoponi street, ora si dice fermo 'sto tizio e glielo chiedo. Il tizio è gentilissimo, porta un grosso pacco tenuto assieme con lo scotch, ha un boubou, un camicione lungo fino ai piedi e molto abbondante, è alto e incede con decisione ma senza fretta, sa certamente dove andare. Sembra gli faccia piacere di essere stato fermato e che gli venga chiesta una mano. La via non la conosce, ma se ci fossero dei riferimenti più precisi tipo una scuola, un'ambasciata allora sarebbe molto più facile essere d'aiuto. Un guizzo, si ricorda che c'è un mercato vicino a casa un mercato che vende frutta e verdura, con sguardo trionfante ne scandisce l'insegna, si chiama "farmer's market". Scopre con suo profondo disappunto che nel giro di poche centinaia di metri ci sono almeno altri 4 "farmer's market", è una delle attività principali della popolazione della zona per sopravvivere. L'uomo è certamente un musulmano si trova a pensare e poi gli viene un'altra folgorazione, uscendo di casa era passato a fianco di un blindato con due militari che sporgevano dalla torretta, era la prima volta che ne vedeva uno così da vicino, per cui si era incuriosito lo aveva guardato meglio, ma la cosa aveva destato il sospetto dei due uomini, che avevano affilato lo sguardo, allora timidamente aveva prolungato il suo come a dire, "non guardavo voi, guardavo oltre, verso quel cartello con scritto ambasciata del Kuwait". Ecco "John", così si chiama il tizio, "casa mia è vicina all'ambasciata del Kuwait".

Parola chiave, pietra di volta, lo sguardo di John si illumina e dice che sa dove andare, è proprio la direzione verso cui si sta dirigendo, si incammina deciso invitandolo a seguire. Non sa se essere rilassato o se si stia chiudendo la botola della trappola sulla sua testa. Non ha alternative, accetta. John è molto ciarliero gli parla dei suoi studi, anche lui è un fisico, un fisico nucleare, le difese si abbassano sulla base di una comune condivisione degli studi e degli interessi. John sostiene che uno dei problemi maggiori della Nigeria sia la cultura, lui lo lascia parlare ma lo sa benissimo che il problema principale dell'Africa sono la povertà, il cibo, le malattie; la cultura è per gli europei ricchi. Non interloquisce, ma lo ascolta ed ogni tanto fissa il grosso pacco che John trasporta con disinvoltura. Alla fine diretto gli chiede cosa mai ne sia il contenuto. Per la seconda volta John si illumina e gli torna a dire che è il suo contributo alla lotta contro l'ignoranza, è un volume per le scuole di ogni grado che ha stampato a spese sue per diffondere la cultura tecnica. Si fermano, estrae un volume dopo aver aperto il pacco appoggiandosi ad un pilone di cemento mezzo rotto con dei grossi pezzi di metallo arrugginito che sporgono minacciosi. È a disagio, voleva solo essere portato a casa, ha limitato il più possibile le sue parole per giungere all'obiettivo velocemente, senza troppi fastidi, ed ora maledetta la sua curiosità, è caduto in una trappola verbale, ed è costretto ad avvicinarsi a quell'orrendo paracarro rischiando di ferirsi con un movimento distratto vicino a quegli aculei ruggini e affilati. "Ma dove accidenti si è fermato", pensa, non riesce a seguire le sue parole, John parla, parla, e lui vuol tornare a casa, ormai le calze sono intrise del sangue che gli cola dalla ferita sul tallone, fa caldo, ha sete, e quello continua a parlare. Alla fine taglia corto e gli dice: "senti me lo leggo con calma e ti faccio sapere". A queste parole John sfodera uno smartphone Samsung ultimo modello e gli chiede di attivare il Bluetooth così gli trasferisce il numero. Rimane interdetto era convinto di andare in Africa in un tucul circondato di leoni ed il primo nero che incontra ha un telefono migliore del suo e gli parla di cultura, di fisica, di università, di opportunità di lavoro, di politica, di cambiamento. Intorno a lui sfrecciano SUV con i vetri oscurati, che non ha mai visto sulle strade di Milano, cammina su marciapiedi puliti e ben tenuti, con gente che si muove con disinvoltura e indossa abiti inusuali ma ben curati e alcuni anche di pregio. Un sogno distonico rispetto a tutto ciò che si aspettava, ai barconi che ha visto a Lampedusa, alle immagini prodotte dalla TV, alla sua cultura, ai suoi pregiudizi. Nel frattempo John, vedendolo in questa sorta di sbigottimento gli ha gentilmente preso il cellulare dalle mani, ha attivato il Bluetooth, e ha trasmesso il suo numero, non senza aver prima chiesto il permesso, e in pochissimo tempo rimpacchetta il fardello, restituisce il telefono e gli consegna un libricino, riprendendo a camminare e a parlare. Ormai è John che guida un bianco che cammina barcollante e disidratato sotto un Sole feroce, su un marciapiede in forte salita. A un certo punto si ferma gli stringe la mano e dice di essere arrivato, quella è l'ambasciata del Kuwait. "Ci sentiamo per telefono" sono le ultime parole che sente, forse non lo saluta nemmeno, si gira fa due passi e cade a terra di schianto.

I denti bianchissimi di due militari, e gli occhi intensi che lo guardano un po' canzonatori lo riportano in vita, o forse il sentirsi completamente fradicio d'acqua. I militari del blindato ridono, il solito bianco che ha preso un colpo di Sole. Già si tasta vistosamente per vedere se gli hanno rubato il cellulare, il portafoglio. C'è tutto, gli sguardi che ricordava arcigni, sono aperti, lo hanno raccolto, gli hanno dato una mano e gli dicono di stare più attento. Si alza, stranito si alza e se ne va. L'ambasciata del Kuwait alle spalle, vaga in una qualunque direzione pur di togliersi dall'imbarazzante situazione, sente dietro di lui delle, risate di persone abituate a vedere i bianchi che non resistono, abituate ad aiutare il bianco senza aspettarsi nessun cenno di ringraziamento.

A casa c'è Regina, che intuisce ciò che è accaduto, gli porta immediatamente dell'acqua fredda di frigo, si accerta con sollecitudine che non abbia bevuto nulla per strada, gli chiede insistentemente cosa sia mai successo con sguardo partecipe e preoccupato.

Regina, alta, pettoruta, forte, con grandi occhi velati di nero, un culo imponente, una Igbo. Lui è a disagio, in pochi minuti forse un ora è riuscito a perdersi, ad avere un mancamento, ad incontrare persone che hanno turbato alcune delle sue certezze, a confrontarsi con un clima che aveva sottovalutato, a camminare su un nuovo pianeta, Marte molto vicino anzi vicinissimo alla terra ma lontanissimo dalla sua amata Italia. Seduto sulla poltrona, dura, scomoda, di un colore impronunciabile ed allo stesso tempo inaccettabile alla sua sensibilità. "Ma chi me lo ha fatto fare", pensa a tutti gli avvenimenti che hanno preceduto questa decisione, alle lacrime della moglie, alle sue, alla sua disillusione per la sua nazione che lo ha mollato lì in un angolo, che non gli vuole più offrire nulla. Nazione che non ha mai capito, che gli è sempre stata stretta nei suoi terribili provincialismi, nelle sue meschinità, una nazione che lo ha forgiato, e di cui ha sempre cercato di prendere le distanze, pur essendone orgoglioso in certi momenti. Ci si vanta spesso all'estero citando Leonardo, Raffaello, Galileo, la Ferrari, ma poi si deve ammettere che veniamo giudicati più per i comportamenti che esportiamo che per quello che ogni tanto magicamente produciamo. Il giudizio che si è sentito addosso come italiano gli è pesato spesso, specie se ricoperto dell'amaro miele del riconoscimento che qualcuno tra noi, nel presente come nel passato è stato grande anzi grandissimo, ma sono pochi pochissimi.

In ogni caso lui un lavoro non l'ha trovato per anni, e l'unica alternativa era quella di migrare. Per lei un contratto importante, per lo sviluppo dell'agricoltura in Africa, una breve decisione, tutti e due avevano bisogno di cambiare aria di reinventarsi una nuova vita su Marte, e sono partiti, lasciandosi alle spalle gli affetti, i grandi affetti e gli amici, per ritrovarsi, con la quotidianità, con le sfide in un pianeta nuovo, con le opportunità, che un nuovo mondo deve per forza portare con sé. Tanto c'è "wazzap" si dicevano, staremo sempre in contatto stretto con tutti.

Ma partire vuol dire fuggire negli occhi di chi rimane, e la tecnologia non aiuta per nulla a mantenere dei fili troppo lunghi. I primi passi su Marte non sono stati dei migliori, alla prima uscita lui può vantare un contatto ed uno smarrimento, chissà a lei come è andata sul lavoro.

Squilla il telefono, Regina si precipita a rispondere e parla in quello strano inglese contratto, incomprensibile, poi si avvicina e dice "master c'è John per te". La sua voce non ha perso la cordialità, vuole venire domani mattina per discutere di cosa fare assieme. Lui accetta senza entusiasmo e chiede a Regina di chiamare Ted.

Ted non c'è, è in giro, forse lava la macchina. Deve parlargli, è forse l'unica persona di cui si fida in Africa, deve sapere cosa pensa di ciò che gli è successo, vuole il suo parere. Ted, longilineo, con uno sguardo sempre in movimento, di rade parole, sempre vestito all'occidentale durante il lavoro, giacca e pantaloni neri, camicia bianca, due lauree, una in sociologia ed una in scienze politiche, arrivato ad Abuja non sa lui neppure come, circa vent'anni fa da un paesino perso della vecchia capitale Lagos. La sa lunga. È lui che gli ha trasferito i primi rudimenti di Africa nel lungo viaggio dall'aeroporto, è lui che lo accompagna sempre in ogni suo movimento, ma ora non c'è. Regina si affanna per la casa, Madam deve arrivare da lì a poco e ci sono un sacco di cose da fare, lavare la verdura, tagliare la carne, bollire l'acqua, e Regina riesce a farle tutte insieme contemporaneamente in un caos di cui solo lei sa trovare il bandolo. Lui decide che è il momento di darsi una mossa e sale al piano superiore di questa magnifica casa che l'Azienda ha fornito. I gradini sono l'immagine più chiara di questa realtà. La fattura è pregiatissima, un marmo di colore uniforme e tessitura fine, sembra uno di quei pregiati marmi di Carrara, ma come ci è arrivato qua?

La posa al contrario si potrebbe definire fantasiosa, non c'è una sola di queste meraviglie di roccia che sia stata posata con attenzione, alcune pietre sono pure sbeccate e riparate in qualche modo con del cemento. Non c'è un gradino che sia uguale all'altro, o è più basso del precedente o la pietra è storta o inclinata. La scala è completata da una massiccia balaustra di ferro, forgiato a martello, ogni singola stecca che regge il corrimano pesa da sola almeno due chilogrammi. Un'opera imponente, un'opera da guardare, da gustare, ma collocata in maniera stonata, è una semplice scala di collegamento tra due piani, nascosta alla vista che meriterebbe, per cui bisogna sapere che esiste e chiedere di vederla. Ci sono distonie dappertutto intorno a lui. Si ferma ancora un attimo a riflettere su queste osservazioni e poi si infila decisamente in doccia, si sente la cancellata del compound che sbatte violentemente, un'auto sta entrando, è la sua che torna dal lavoro. La doccia calda è insopportabile, è alla stessa temperatura dell'aria esterna, si suda sotto la doccia, una sensazione mai provata. Lui cerca di capire come regolare il miscelatore ma non è semplice, i precedenti inquilini della casa probabilmente non avevano mai usato questo locale, per cui i meccanismi del pregiato attrezzo tedesco sono duri, difficili da regolare finemente come vorrebbe fare lui. Lei sale le scale di corsa è felicissima, la prima giornata è stata entusiasmante, è stata assegnata ad un gruppo di persone di cui sarà il manager di riferimento, c'è il Sole, e quando c'è il Sole lei è felice per definizione; vengono da un lungo inverno meteorologico e di sentimenti, è bellissimo vederla sorridere con quei suoi capelli di Sole. Il pranzo passa veloce tra i racconti dei campi a pochi minuti di strada da casa, dell'impatto con questa nuova realtà, delle reazioni dei colleghi, sia europei che locali. Ted ricompare dal nulla deve riaccompagnare madam al lavoro e poi sarà completamente a disposizioneper tutto il pomeriggio. La pennichella post prandiale è un dovere, in questo caldo pressante debolmente mitigato da un flebile vento che entra da tutte le finestre aperte di questa casa improbabile. L'edificio su due piani, dall'esterno ricorda una di quelle brutte villette a schiera bergamasche costruite più per compiacere le figlia laureata in architettura dell'imprenditore che per il gusto di chi poi le abiterà. Ma l'interno è la vera chicca. Tagliata per lo più a caso, con stanze di strane forme, sbarrate continuamente da porte inutili e di legno massiccio dipinte di un nero scuro che mette angoscia; è divisa in una zona notte al piano superiore ed una zona giorno nel piano di ingresso. L'accesso tra le due zone è regolato dall'imponente opera in ferro battuto. È il meglio che l'azienda ha saputo procurar loro, e viene considerato un alloggio di lusso, situato in un compound, ovvero un aggregato di villette, circondate da un alto muro di cemento, con relativo reticolato elettrificato che viene tenuto in perfetta efficienza da un contingente di guardie armate che sfoggia stemmi di eserciti o improbabili come "safeguard battaillon", "scorpio intruders" ecc. Lo scorpione animale schivo, viene spesso mitizzato dalle truppe di guerra per la potenza micidiale del suo aculeo che con un colpo sconfigge ogni nemico. Più che sicurezza questi strani personaggi per lo più buttati su sedie all'ombra che giocano giorno e notte con gli smartphone, danno inquietudine, e si spera che producano lo stesso effetto con gli eventuali assalitori armati, se mai ce ne fossero. Tutti brandeggiano fieramente un bel AK47, con colpo in canna. Non sorridono mai, neppure quando svolgono il loro unico servizio di apertura e chiusura del cancello principale per fare entrare ed uscire le auto dei colleghi di lei che vanno e vengono continuamente. A volte salutano con fiero portamento militare come a rassicurarti che sei in mano loro, impareggiabili per training quotidiano, nel comporre puzzle o far scoppiare palloncini elettronici. Il compound è ingentilito da una siepe lussureggiante tenuta accuratamente tagliata in fogge bizzarre che vanno dal cigno al simbolo della Renault, da uno stuolo di personaggi complementari, uomini e donne che si sperticano in sorrisi e saluti ogni volta che ti vedono e che si occupano di mantenere il posto in perfetto ordine, come fosse un acquartieramento. Lui ogni volta che li vede ripensa ai suoi trascorsi militari, quando sotto un Sole canicolare era costretto a dipingere in caserma le pietre del giardino o di bianco o di grigio a seconda dell'umore della moglie del colonnello, usando una mistura di gesso e acqua che scoloriva sotto la pioggia, cosicché il lavoro era garantito su base settimanale, o quando doveva ramazzare l'immenso cortile della caserma, sotto giganteschi cedri del libano, nelle giornate autunnali di vento. Al centro del compound dietro al forno delle pizze, si trova una piscina lunga una ventina di metri con un paio di corsie. Piscina, forno, siepi, casette, rete elettrificata danno l'idea di un ospedale riadattato ad ospitare lavoratori di alta levatura in un'area ostile. Il suono del campanello lo risveglia dai suoi torpori, agile scatta in piedi e va alla porta, preceduto da Regina che vuole recitare a fondo la sua parte di "house manager", e vuole aprire la porta per prima. Ted è finalmente a disposizione ma non vuole entrare a sedersi sul divano, preferisce stare in piedi fuori al Sole per parlare. Il corso di avvicinamento all'Africa tenuto dall'Azienda è stato molto dettagliato ed in particolare evidenziava il punto di non avere contatti con persone estranee, quindi vorrebbe avere da Ted una impressione su John che domani verrà a far visita al compound. Cerca di spiegare alla faccia senza espressione di Ted come si sono svolti i fatti, chi sia quest'uomo, e come si sia presentato, alla fine dopo il lungo soliloquio Ted lo guarda negli occhi e dice "master io non lo farei". Più per ripicca che per qualunque altro moto razionale decide che domani confermerà la visita e chiede a Ted di presenziare.

A tarda sera, quando è ormai buio da un pezzo, lei arriva, se possibile ancora più felice e solare. Si fanno piani per l'indomani per gli acquisti degli oggetti indispensabili per un italiano all'estero, lei con sguardo preoccupato cerca di farsi raccontare gli eventi della giornata, interrompendolo spesso con domande relativamente alla sicurezza, alla temperatura, alla disponibilità di acqua, ma alla fine curiosa di sapere cosa mai ci sia al di là del recinto elettrificato, come vive questa gente, che fa.

La zanzariera cala sulle loro parole quando è notte, mentre pianificano cosa avrebbero dovuto fare l'indomani.

John è molto concitato quando chiama al telefono, gli chiede di recarsi urgentemente al cancello d'ingresso, sta succedendo qualcosa. È ancora in pigiama, lei è uscita da almeno un ora e lui si è rigirato nel letto per un qualche tempo, poi ha fatto una frugale colazione ed è ritornato a leggere dimenticandosi del suo appuntamento. Si veste con affrettata noncuranza e in ciabatte si reca al cancello. John è sudato e lo guarda con rimprovero, lo pseudo-militare è in assetto da combattimento ed ha uno sguardo duro. Seguono una serie di domande precise, molto tecniche, in una sequenza da manuale. A nulla vale la giustificazione che Lui non conosce le procedure, ma avendo fatto il corso di introduzione all'Africa non ha attenuanti, c'è un protocollo ed il protocollo va eseguito. In molti minuti, alla fine si chiarisce chi doveva fare cosa e come procedere con la questione dell'ingresso di una persona sconosciuta nel compound dell'Azienda. Ovviamente non si parla di soluzione, si insiste nel trovare l'effrazione e un colpevole, ma mai sul come trovare un accordo, il puntiglio tutto militare sul sottolineare l'errore viene brandito come arma di ricatto. Alla fine l'arrivo provvidenziale di Ted che con la sua costante presenza è garanzia di soluzioni possibili, ed uno strano sguardo tra i due, permette a John di entrare per pochi metri all'interno del compound e l'incontro si può svolgere sotto il Sole africano delle 11 di mattina, sotto lo sguardo attento dei Kalashnikov.

Dopo le prime battute di rito la tensione si allenta molto velocemente, John è uno Yoruba come Ted e il solo fatto di essere della stessa etnia crea una diretta complicità tra i due, che cominciano a parlare in un gergo fitto e ridono tra lo stupore attonito di Lui. Alla fine di questa criptica chiacchierata John si gira e lo informa che si deve fare qualcosa assieme e suggerisce alcune escursioni, che vengono immediatamente approvate da Ted, come se fossero sue mete abituali. Si salutano calorosamente, e dopo pochi minuti, Lui ormai reggendosi sempre meno saldamente sotto il Sole, convince Ted a finire la discussione all'ombra del patio di ingresso. In sostanza John ha deciso che è in presenza di persone affidabili, e che nei prossimi giorni verrà con dei piani precisi di collaborazione, mentre Ted ha ricevuto dei suggerimenti che intende approfondire per metterli in pratica in sicurezza nei prossimi giorni. La situazione sembra essersi sbloccata è come se fosse stato in qualche modo accettato grazie al fatto di aver abbassato una barriera per lui ancora invisibile, ma molto chiara sia a Ted che a John. La sua permanenza in Africa sta cominciando a diventare molto interessante, la sua incessante sete di scoprire cose nuove, di esplorare la natura, che lo ha portato per tutta la vita in giro per il mondo fino a fargli scoprire il mondo misterioso ed inesplorato delle grotte dove i suoi misteri di bambino hanno preso la forma del reale, sembra aver trovato di che alimentarsi.

A pranzo Lei non è per nulla felice della piega che stanno prendendo le cose, con la palese complicità di Ted, lui sta muovendosi in maniera troppo disinvolta, senza conoscere nulla del posto in cui si trovano, e soprattutto senza avere alcuna possibilità di essere tracciato, eccettuata la garanzia della costante presenza di Ted. Ma soprattutto sta palesemente infrangendo le rigidissime regole imposte dall'Azienda. Lei al lavoro è costantemente bombardata di informazioni su cosa fare, su come farlo, sulle persone chiave per il suo lavoro, ma soprattutto su cosa non fare, su cosa evitare e le chiacchiere con i colleghi anziani, non fanno altro che aumentare la sua tensione. In ufficio c'è moltissimo da fare, ci sono avvicendamenti frequenti per cui come in tutte le situazioni dinamiche molte informazioni invece di essere trasmesse da una staffetta ad un'altra vengono smarrite per cui ogni nuovo arrivato deve ricominciare un percorso culturale e di relazioni con un handicap che verrà colmato in mesi di lavoro. Non si sente a suo agio, e poi gli spostamenti sul terreno sono complicati, se non ci fosse stato Ted, chissà quante volte si sarebbe smarrita. Decide quindi per tranquillità reciproca, di concordare delle regole comuni.

Assicurarsi la connettività permanente dotandosi di un telefono locale, avere la copertura della security dell'Azienda condividendo gli itinerari pre-approvati, decidere assieme la mattina ogni programma. Lui sembra essere ad un tratto divenuto più sensibile, ma non si può mai dire, lei decide che terrà la guardia molto alta. Ora deve andare alla prima riunione con i suoi riporti, non sa bene come affrontarli e decide che improvviserà, comincerà con delle domande generiche cercando di sondare sempre di più le loro caratteristiche lavorative, e le loro relazioni. Per lei le relazioni tra le persone sono la cosa più importante, si perde spesso nel cercare di intuire cosa pensa chi di chi, per cercare di avere una mappa della rete invisibile che si crea in una società di persone. Il suo capo è un italiano di grande esperienza che non ha quasi mai lavorato in Italia, ha sempre gestito attività estere, conosce tutti, è qua in Abuja da molti anni, ed è convinta che sarà una guida preziosa per muoversi in questo strano mondo, dove tutti alla fine ti sorridono, ma che comunque non sembra un posto come l'Italia. Antonio il suo capo è sempre ricco di consigli, di raccomandazioni, sembra proprio saperla molto lunga, è più che ben introdotto al circolo del golf ed esce spesso la sera con alcune delle sue conoscenze altolocate fatte sui campi. È proprio una persona affidabile.

Lui ha capito che l'opportunità che gli è offerta dall'incontro con John va integrata con la conoscenza del territorio e della nazione in cui si trova. Per cui il primo passo che si impone è quello di uscire ogni giorno da solo e di andare a comperare il giornale seguendo un percorso diverso, l'edicola è a circa 300m dal compound, non sembrano esserci pericoli, in ogni caso Ted ha dato la sua approvazione. È carico di queste sue nuove decisioni e non vede l'ora di muoversi, ma il piede ferito lo costringe a una sosta prolungata in casa, è l'opportunità di leggere e di scaricare da internet tutto quanto sia possibile, tra poco dovrebbe arrivare Regina con il quotidiano locale. Il caldo è insopportabile, ma si ostina a tenere tutti i condizionatori spenti, ha un forte senso del risparmio energetico, che Lei liquida troppo spesso con la parola taccagneria, ma che nella sua testa corrisponde a un litro di petrolio respirato per ogni watt consumato, e in questa casa principesca ci sono ben dodici condizionatori che secondo Regina dovrebbero funzionare ventiquattro ore al giorno, comprese le luci che devono stare sempre accese per sicurezza. Le luci in particolare meritano una riflessione a parte. Ogni giorno si fulmina una lampadina. Sono vecchie lampadine di quelle a filamento che in Europa non si vendono più da qualche anno, poi ci sono i faretti, le luci alogene, i neon. C'è un'insolita varietà di illuminazione, che tende a durare pochissimo. Ne ha parlato con Regina che sostiene che sia dovuto ai frequenti salti di tensione, anche dieci al giorno, di pochi secondi, ma quanto basta a far resettare ogni cosa. Tutta questa luce non ha senso, come poche cose hanno senso, di quelle che ha visto fin ora. Ci sono dei finestroni grandissimi da cui entrano la luce ed il calore d'Africa, eppure quando tutte le luci sono accese, e succede ogni volta che c'è nei paraggi Regina, la luce interna è ancora più forte, abbaglia. Lei sta tornando, e lui non ha fatto altro che tenere il piede in aria, e mannaggia Regina è ancora fuori. Lo sguardo sereno di Lei diventa gelido, quando scopre che non c'è nulla di pronto e Regina non è tornata. La sfuriata è come un temporale estivo, un torrente di parole che si accumulano nella sua testa, perdendone il senso, quando è infuriata concatena le parole a una velocità impressionante e lui ne perde il filo, la sente parlare ed è come il fruscio di un disco al massimo volume, lo chiamano rumore bianco, poi nel tempo diventa rosa si abbassano le frequenze è il segnale che il temporale sta passando si sta allontanando, per poi diventare marrone e quindi rosso perdendosi in lontananza, siamo alla fine.

Ma a volte il rumore passa dal rosa al blu, si alzano le frequenze l'incazzatura si autoalimenta, si accumulano tutta una serie di misfatti in serie, non hai preparato il pranzo, e Regina non c'è, e quanti soldi le hai dato per fare la spesa, più di 1000 naire? Oggi stiamo sfiorando il rumore violetto, questo è veramente pericoloso, forse anche alimentato dalla fame, stamane era uscita di corsa quasi senza fare colazione. A nulla valgono i suoi tentativi di contenimento oggi si è rotta la diga, stiamo scavando in misfatti che in successione rossiniana si perdono sempre più nel passato, siamo arrivati a 10 anni fa, ma c'è ancora molto da esplorare. Finalmente Regina appare sulla porta è tutta trafelata, grondante di sudore, sta trascinando una serie di borse gigantesche che evidenzieranno palesemente che le sono state date molto ben più di 1000 naire, e lei ovviamente non solo le ha spese tutte ma ha fatto anche dei debiti. Ma Lui la abbraccerebbe ugualmente, Lei ha trovato un nuovo obiettivo su cui sparare a palle incatenate, ed in più Regina puzza di sudore in maniera indescrivibile, è la seconda cosa che si nota dopo la riga di sudore sulle sue grandi tette. Oggi il pranzo è andato così, per la sera i compiti di Lui sono aumentati a dismisura come fosse il momento della penitenza, e alcuni sono veramente complessi, primo fra tutti fare la ramanzina a Regina e spiegarle che si deve lavare per poter entrare in casa. Il tempo è passato velocissimo Lei deve rientrare al lavoro, afferra un frutto ed un avanzo di pasta del giorno prima e se ne esce, senza neppure voltarsi. Non è passato forse più di un minuto e lo sguardo afflitto e disperato disegnato sul volto di Regina è scomparso, ora canta una nenia monotona quasi insopportabile mentre lava la frutta e la verdura appena acquistate al mercato. Lui entra in cucina cercando le parole per dire a Regina di lavarsi, ma soprattutto per sapere come ha fatto a stare tre ore a comperare della frutta e della verdura al mercato a un centinaio di metri da casa. Mentre le parla Regina come se nulla fosse ha acceso l'acqua per la pasta, lasciandolo basito. Una volta passata la sfuriata si torna alle incombenze usuali, doveva preparare la pasta e questo sta facendo, non c'è nessuna relazione tra i tempi e le necessità. Lui più parla e più comprende che ci sono delle differenze inconciliabili sulla concezione del tempo nel suo scorrere. Noi Italiani, che tra gli europei siamo famosi per l'indole tranquilla, abbiamo un senso dello scorrere del tempo che è funzionale ai nostri impegni e ai nostri interessi. Se ci viene chiesto di fare qualcosa che non è in linea con il nostro umore giornaliero, è difficile che lo eseguiamo con entusiasmo, ci applichiamo, ma la nostra testa vaga sui nostri problemi, le nostre frustrazioni del momento, vaga nel nostro io interiore, è come se sapessimo che la nostra vita continuerà a scorrere ma che oggi gli si deve dedicare un'attenzione ulteriore. Un tedesco, un norvegese, che crescono con delle priorità diverse, legate al tempo meteorologico, al periodo ristretto di luce nei mesi invernali, sa molto più e meglio di un italiano gestire il tempo, le relazioni con le persone, le attività. Questi sono i suoi pensieri su Ted e Regina, sono tutto sommato degli italiani in formato esponenziale. Vivono in una terra che è clemente, in grado di produrre ogni bendidio se ben gestita, con un clima non invivibile, con acqua, Sole e ogni cosa disponibile. Le loro priorità sono molto diverse da quelle sue e della sua compagna. Per un italiano il cibo e i suoi riti, sono la parte più importante della vita, attorno al cibo si compie ogni cosa, ogni affare ogni unione ed ogni tragedia, il cibo è il perno della nostra cultura. In Africa quando va bene si mangia una volta al giorno. Ted, che ha un buon lavoro, sta nell'Azienda da almeno quindici anni, una delle prime volte, quando gli aveva offerto di pranzare assieme mentre la moglie si sarebbe trattenuta al lavoro, ha cortesemente rifiutato dicendo che mangia una sola volta al giorno. Non credeva alle sue orecchie, e alla fine dopo molte insistenze, Ted gli ha detto che pur potendoselo permettere, preferiva così per abituare il suo corpo a non rilassarsi, che la perdita del posto di lavoro può avvenire in ogni momento, e quando capita c'è la miseria nera, e allora bisogna prevenire le sofferenze, bisogna abituarsi al peggio anche quando si sta bene. Era rimasto molto colpito e continuava a ripensare a queste parole senza senso per le logiche occidentali. Era quindi logico nella testa di Regina che l'obbligo fosse quello di mangiare, non di mangiare a un ora precisa. Questo fatto si ripeté anche nei giorni successivi, ogni volta che si rivolgeva a Regina, aveva notato che comunque provasse a fissare delle regole, a giustificare i suoi discorsi, a fare d'esempio, si scontrava con una logica di vita completamente differente. E quando lui un giorno cominciò a preparare il pranzo senza aspettare i tempi di Regina più volte la donna venne a chiedergli come mai le avesse tolto la fiducia, se non fosse contento della qualità dei cibi da lei preparati, se avesse esagerato con il sale. Non le sfiorò mai il problema che avesse disatteso la regola ovvia per noi europei dei tempi e delle priorità. Per tutto il periodo che Regina rimase nella casa, diede la netta sensazione che questi coniugi italiani, come del resto tutti coloro che li avevano preceduti e che li avrebbero seguiti, non potessero capire le regole base della vita, della vita africana. Ed il problema era loro, degli ospiti temporanei. Chi è mai l'Italia con quel suo insignificante numero di abitanti al cospetto di Mama Africa con un miliardo e due cento milioni di esseri umani, il paese che ha dato la vita al mondo?

Di questo era conscia Regina, di rappresentare la maggioranza, e quindi gli usi e i costumi, quelli giusti, quelli regolari, e che i suoi padroni rappresentavano la ricchezza che non avrebbe neppure mai potuto immaginare, ma a cui avrebbe potuto attingere e bearsi come ci si bea sotto la doccia. Lui ricordava molto bene la faccia di Regina quando andarono assieme al Supermercato, lei aveva preso un carrello e ogni volta che si fermava lei gli toglieva gli oggetti dalle mani per assumere il suo ruolo di procuratrice del cibo, per cui accumulava sacchetti e sacchetti di riso, quando ne sarebbe bastato uno solo, buttava nel carrello chili di patate, tre o quattro ananas giganti, per raggiungere l'obiettivo di colmare il carrello e poi avviarsi alla cassa, per mostrare la ricchezza ed il portafogli pieno.

Lei sapeva che non ce l'avrebbe mai fatta a dire a Regina di lavarsi, e la cosa la irritava. Dire ad una persona che puzza non è facile, ma Lui doveva assumersi le sue responsabilità alla fine non poteva rimanere sbattuto sul divano da mattina a sera, si sarebbe annoiato e chissà mai cosa avrebbe combinato, poi con quel pezzo di donna per casa, che girava vestita, forse meglio dire svestita da mattina a sera, con quelle forme incredibili, che agli uomini piacciono in maniera eccessiva, una donna da fumetto, per un uomo che stava tutto il giorno in casa. La cosa era intollerabile. Era decisa a tornare a casa e a concordare il da farsi punto per punto. Ma il lavoro la stava prendendo in maniera totalizzante come non le era mai capitato. Per la prima volta si trovava ad essere responsabile di un progetto con mille rivoli, in un territorio completamente sconosciuto sia nelle sue regole pratiche che nella ragnatela delle regole non scritte dei modi di lavorare ovvero quello che lei si aspettava e quello che chi lavorava con lei al contrario si aspettava di ricevere. Ben presto capì che i modi di lavorare a cui era abituata, qui non funzionavano. Gli ordini, l'esempio, le regole non avevano effetto. Ad ogni interazione con i suoi dipendenti locali, riceveva gli usuali cenni di comprensione e di impegno ma a cui non seguiva mai l'effetto sperato. Nel caos che governa l'ambiente lavorativo italiano, dove ognuno si permette di interrompere l'altro nelle riunioni, rendendo interminabili gli incontri e le videoconferenze si sprecano per la sola ragione che gli italiani devono vedere in faccia la persona con cui parlano, tutti i gesti il suo comportamento non verbale. Per un italiano ci sono messaggi ben precisi, regole non scritte a cui bisogna attenersi. Qua dopo una breve interazione tutto sembra ben compreso, e poi in realtà non avviene nulla di quanto sia stato concordato, neppure nei tempi apparentemente concordati. È come se coloro che sono seduti alle loro scrivanie, dietro ai vetri dei loro uffici, non siano lì fisicamente ma che comunque aleggi la loro entità a cui non si può chiedere altro se non di respirare l'aria. Nella sua funzione di manager ha la sensazione di essere in presenza di una casta di intoccabili, ricchi e fortunati. La cosa la mette un po' a disagio vorrebbe approfondire questo fatto con il suo capo, il grande saggio. Lo fermerà alla macchina del caffè all'ultimo piano nell'ufficio del grande boss, dove ci si rilassa e si commentano i fatti del momento e si approntano i piani per la sera.

JIKOKO

È passata una settimana, il piede è completamente guarito, ormai l'edicola, il giornale, i 300m di distanza che separano il compound dal resto dell'Africa a portata di mano, sono terra nota, è giunto il momento di lanciarsi all'esplorazione. Ha accettato di buon cuore questo viaggio in terra d'Africa solo dopo aver consultato i vari opuscoli dell'esplorazione alpinistica del continente, ed ha trovato interessantissime informazioni sulla Nigeria. Nei dintorni di Abuja, la capitale, non si trova assolutamente calcare, la naturale dimora delle grotte, ma in realtà la Nigeria è famosa per le sue grotte nel granito. Per cui armato di tanta voglia di guardarsi intorno, dopo un attento studio di Googlemap, si è messo a cercare ogni forma che potesse anche lontanamente ricordare i cumuli di massi granitici tipici delle zone con grotte. Sfortunatamente attorno ad Abuja ci sono solamente porfidi, di dimensioni tanto spettacolari quanto ahimè irraggiungibili per ragioni di sicurezza. Ma non si dà mai per vinto e con un misto di detto e non detto parte con Ted per la prima spedizione speleo-esplorativa. Mentre si muovono in auto ripensa a ciò che ha letto. Intorno alla metà degli anni '70, il governo nigeriano decide come soluzione ai vari problemi politici e di relazione interna di inventarsi una capitale al centro geometrico dello stato, che viene a cadere ai piedi di un immenso altopiano intorno ai 900m di altezza. Su questo altopiano di porfido, lussureggiante, con rivoli d'acqua di ogni sorta si trovano sparsi villaggi sostenuti da un'economia improbabile, e ricca di feroci contraddizioni. L'altopiano termina bruscamente con delle falesie che hanno lasciato a testimonianza della primitiva estensione tutta una serie di grosse colline nero scuro che punteggiano la città di Abuja con delle immagini spettacolari. Le colline a decine, alcune molto famose come Aso Rock e Zuma Rock, sono inviolabili per presunti motivi di sicurezza, l'altopiano è una zona selvaggia, una sorta di far west senza neanche l'aura romantica del nome, preda di bande e scorrerie selvagge. La collina di Jikoko la loro meta, dalle mappe è una sorta di bubbone che si eleva al margine tra l'altopiano e la falesia.

Per un malcelato senso di riservatezza, e soprattutto per non insospettire la sicurezza dell'Azienda, partono senza dire né dove si va, né perché, neppure Ted è conscio del dove stiano precisamente andando, l'unico che ha una vaga idea della direzione è Lui che si basa su di una foto stampata da Googlemap, tutto qui. Un ora di auto dove si passa dalle ampie strade all'americana di Abuja per lo più vuote di persone e di auto, a delle strade asfaltate improbabili, ad un vero e proprio sterrato rosso popolato di motorette e baracche, baracche e motorette dappertutto, che sbucano senza guardare, senza mai fermarsi, la progressione diventa una lotta tra piloti e venditori di ogni cosa, a passo d'uomo, a destra friggono le ottime specialità locali a dire di Ted, in un grasso tutt'altro che salutistico, a destra vendono pneumatici e ricambi d'auto, a sinistra liquido detergente per auto, davanti scuoiano un cane. Baracche pulsanti di vita, delle dimensioni di qualche metro quadro dove si vive di opportunità, dove le decisioni sono velocissime, e irrevocabili, con un puzzo di carbone ed un inquinamento che fanno l'aria irrespirabile. Ad un certo punto la mappa sembra indicare una brusca svolta a sinistra, Lui dà l'ordine con voce netta che non permette replica. L'autista lo guarda, come se gli avesse detto di buttarsi nel canale profondo un metro a bordo strada, ma lui segue i comandi che gli vengono impartiti, si getta dentro il muro di folla e baracche e cominciano un percorso su strada bianca si direbbe in Italia, ma qua è rossa e polverosissima, sempre circondati da moto e persone. La strada continua molto incerta, ed alla fine il solito filo spinato la sbarra. Il filo spinato, la prima parola che Ted ha pronunciato in lingua locale quando si videro all'aeroporto, è la presenza costante nella campagna, è dappertutto, è alla base dei rapporti sociali tra le due aree in cui è macroscopicamente divisa la società. C'è un'antica lotta tra agricoltori e allevatori in tutta la Nigeria, che è il vero problema di questa folle terra. Un problema che altri stati sociali hanno risolto molti secoli fa, forse l'America è stato l'ultimo testimone di questi conflitti a inizio novecento. Qua è ancora tutto in divenire, più che per motivi religiosi questo conflitto che viene da molto lontano dal 1500 e forse anche prima, non è stato ancora considerato per la sua reale dimensione. Una cinquantina di anni fa intorno agli anni

’70 il boom petrolifero tolse moltissime risorse all’agricoltura a causa dei trasferimenti in massa dalle campagne alle città, e questo favorì specialmente al nord del paese la diffusione incontrollata dell’allevamento nomade, praticato prevalentemente dall’etnia Hausa musulmana a scapito dell’organizzazione della coltivazione diretta della terra. Lo scontro tra chi pretendeva e tutt’ora pretende il libero pascolo e di chi deve in qualche modo salvaguardare le ben irrigate e fertili aree di coltivazione è stato devastante, e si è presto trasformato in uno scontro religioso tra i contadini prevalentemente cristiani e gli Hausa di etnia Fulani. Il conflitto si è esteso in tutta la nazione ed è diventato permanente senza esclusione di colpi al punto da far dire ad un insensibile ministro locale dell’agricoltura che l’equazione una mucca morta un umano morto non sia tanto squilibrata. Quindi uno scontro di tipo tradizionale si è trasformato in uno scontro agli occhi degli osservatori internazionali di tipo religioso con tutte le implicazioni e i radicamenti del caso. Nel contempo si è sviluppata in maniera estesa un’agricoltura di sussistenza di piccoli orti e piccoli appezzamenti personali che devono essere difesi con il filo spinato. Al di là del filo in genere ci sono le solite guardie armate di Ak47, che spuntano dalla baracca rigorosamente costruita in lamiera e colorata di verde mimetico, non si riesce neppure ad immaginare la temperatura all’interno di quei forni, ma loro sono in auto con l’aria condizionata a manetta. Lui continua a sudare come una fontana, Ted è impassibile nel suo abbigliamento occidentale con giacca e cravatta e sembra neppure accorgersi delle sofferenze del passeggero. La strada è interrotta da una matassa di filo spinato.

Le guardie si avvicinano con sguardi di gran lunga più curiosi che minacciosi, fortunatamente nonostante siano Gbari parlano inglese, una lingua imposta per decreto in una terra dove si parlano correntemente più di 300 lingue distinte a testimonianza della divisione fondamentale geografica e storica di questa nazione assemblata senza senso dall’impero coloniale inglese. In breve Ted mette al corrente gli pseudo militari delle loro intenzioni, il Master vuole salire sulla rocca che si vede stagliare sullo sfondo. La domanda sembra incredibile, è certamente inaspettata, ma il problema è che loro devono assolutamente proteggere l’accesso ad una gigantesca cava di pietra di una nota azienda francese di costruzioni, che assieme ad una italiana si spartisce in gare certamente molto politiche, ogni appalto del cemento in Nigeria. La negoziazione è tutt'altro che breve, anche se non sia ben chiaro il contendere essendo l'accesso alla rocca decisamente al di fuori del perimetro sotto sorveglianza. Come al solito Ted suggerisce una soluzione che risolverà ogni problema. Una delle guardie dietro compenso lo scorterà per accertarsi che non invada la proprietà; è una palese scusa per mascherare un abuso di potere, ma in qualche maniera i locali devono pur ricavare qualcosa dai desiderata di questo uomo bianco. Una guardia più malmessa delle altre si offre di fare da guida, indicando due percorsi, uno breve e faticoso, ed uno molto più lungo. Ted sostenendo che i suoi quarant'anni lo fanno sufficientemente anziano per questo genere di cose, si astiene dal venire ma non dall'imporre delle regole memore del suo incarico di guardiano della sicurezza. La regola è semplice e chiara, ogni 15' deve essere chiamato al cellulare, e devono tassativamente tornare alla macchina entro 45'. Il suo spirito organizzativo non fa una piega. La guida, molto compresa nelle regole fissate parte come una gazzella. Sull'esperienza che si è fatta di Ted, Lui sa come sono questi nigeriani, partono di corsa e poi dopo pochi passi scoppiano malamente, ci sono 40°, un'umidità folle; si parte con una secca salita, e le ciabatte della guida, tra gli sterpi alti non possono competere con i suoi scarponcini da montagna. A parte le ciabatte di plastica cucite assieme con del filo che forse tempo addietro doveva essere solido, ma che adesso è saltato in vari punti, l'abbigliamento della guida è più simile a quello di uno straccione che non quello di un militare. I vestiti a pezzi e mettono a nudo in varie parti la pelle magrissima e tesa dell'uomo, che in ogni caso non ha mai abbandonato il fucile. Un kalashnikov tutto incerottato e tenuto assieme con lo stesso filo delle ciabatte, probabilmente la vera minaccia consiste più nel fucile che non nell'abbigliamento avranno pensato i manager dell'azienda francese quando lo hanno assunto. Passano i minuti, il passo della guida aumenta sotto la pressione dei tempi da mantenere, mentre la maglietta di Lui diventa sempre più madida di sudore, la guida e le sue ciabatte a pezzi si muovono tra le rocce e la terra secca e scivolosa come fossero nel cortile di casa, ogni tanto si ferma ad ascoltare, ma poi riprende il cammino con la stessa intensità di prima della sosta, senza curarsi di altro. Alla fine Lui decide che non può buttare tutta l'anima a seguirlo, la guida non sente la gravità e l'obiettivo è vicino: una imponente struttura di granito, proprio come si aspettava, con pertugi e passaggi in ogni punto. Preso dall'entusiasmo ci si infila mentre la guida guarda molto perplessa, tutto si immaginava tranne di assistere a questo spettacolo di un bianco entusiasta di quattro pietre che si infila in ogni buco che striscia in ogni passaggio. Ad un certo punto la guida gli urla qualcosa che non capisce ma intuisce che non si deve muovere. Si è infilato in una specie di rododendro gigantesco ricoprendosi di minuscoli peletti arancioni. La breve lezione di botanica nel solito inglese improbabile misto a lingua Gbari gli fa capire che questa pianta, molto ombrosa e carina, nella sua maturità espelle delle spore setose e minuscole che sono fondamentali per la sua riproduzione, ma ahimè hanno la caratteristica di infilarsi sotto pelle e causano per ore un fastidioso prurito. Appena compreso il significato delle parole comincia a grattarsi, e lo farà per le successive due ore come fosse punto da migliaia di piccolissimi aculei. Speleologicamente alla fine la rocca non dà alcuna soddisfazione; ci sono molti passaggi in comunicazione tra loro ma non si può proprio chiamare un percorso sotterraneo, e quindi gli sviluppi delle improbabili grotte sono insignificanti. Decide quindi alla fine di provare a salire fino alla cima e di dare un occhio ai dintorni. La salita non è per nulla agevole, il posto non è certamente mai stato arrampicato, ci vuole un'abbondante mezzora per vincere poche decine di metri di roccia liscia e senza appigli quasi scivolosa, ma alla fine, la cima. Come sempre nelle esplorazioni il tempo si è dilatato e le promesse sono rimaste tali difronte a tutta quella marea di nuove esperienze. Intorno a lui la piana di Abuja, sulla destra Zuma rock, dove la settimana scorsa hanno rapito tre canadesi sparando a bruciapelo in faccia al loro autista che non valeva nulla dal punto di vista finanziario, a sinistra Aso Rock, la sede impenetrabile e circondata di caserme e di militari del presidente della Nigeria, poco scostata la bellissima forma morbida della collina di radio Aso 93.7, su cui forse si potrà salire e chiudendo gli occhi sentire il caldo asciutto di Abuja e il vento della sera, sembra di sfiorare la perfezione. Il telefono squilla, sono passate varie mezz'ore, si scende velocemente, la guida è diventata molto ciarliera, mostra le piante, spiega i nomi e per cosa vengono usate, alcune come alimento per le bestie, altre per comodissimi giacigli profumati, altre ancora per la cura della malaria, ma devono essere pretrattate ed affumicate, lui si fermerebbe ad ascoltarlo e a prendere appunti per tutto il tempo che necessita. Alla fine dell'itinerario, poco prima di tornare al punto di partenza porge il suo numero di telefono, qualcosa si è creato tra i due escursionisti, il classico legame tra le persone che frequentano la montagna. Sono quasi arrivati, si sentono le chiassose risate delle guardie nei pressi delle auto a colloquio con Ted, in un attimo il volto della guida passa dall'inespressivo, come è stato fin ora al gelido diventando di pietra, con un gesto fa segno di rimanere immobile e di ascoltare. Dice "piton", Lui con fare baldanzoso gli risponde che alla fine non può essere pericoloso, non essendo velenoso. Lui abbassa la voce e dice qualcosa come, sì ma quando supera i cinque metri sì... Lui forse fa finta di non capire ormai sta pensando all'auto, al racconto da condividere con Lei, alla doccia fresca che si farà tra poco. È in macchina, l'aria condizionata gli fa dimenticare i quaranta gradi, l'umido, il Sole, sono immersi nel caotico e frenetico movimento di motorette e baracche, baracche e motorette. Ted lo riporta nella civiltà, a valle, seguendo un automatico cliché. Le unghie scavano alla ricerca delle impalpabili spinette. È felice? Non lo sa, un'altra strana giornata in Africa, il caldo, l'umido, l'umanità trasbordante da ogni dove, la salita con uno sconosciuto con cui ha condiviso per la prima volta un'esperienza che ha coinvolto entrambi e poi il primo incontro con un animale pericoloso che alla fine si scopre essere il vero motivo per cui Ted non li ha seguiti, Ted ha il terrore dei pitoni. Nei giorni successivi sarà molto premuroso nel mostrare a master foto e ritagli di giornale che parlano di scimmie aggressive, pitoni di lunghezza superiori a cinque metri che stritolano persone in pochi minuti e coccodrilli, di ogni forma e tipo.

Senza i bianchi in casa Regina si sente tranquilla può finalmente guardare con calma la sua soap opera preferita sdraiata sul divano, ha già passato lo straccio a terra ben inzuppato d'acqua così quando master tornerà a casa si renderà conto del lavoro che ha fatto, ed ha acceso il ferro da stiro per far vedere che ha passato la giornata stirando. Ha già fatto ben due lavatrici di biancheria, che le frutteranno soldi e quindi cibo per almeno una settimana, al mercato di strada. Questo delle lavatrici a pagamento è un business che si è inventata, e di cui è molto orgogliosa. Quando può mettere in atto il suo piano, è doppiamente felice, sia perché ha inventato un nuovo metodo per guadagnare soldi senza spenderne, ma soprattutto perché questo le permette di ritagliarsi un ulteriore immagine di persona furba, che tra le sue amiche è molto importante, le dà un maggior prestigio sociale e quindi maggior supporto quando cadrà in disgrazia. Questi bianchi italiani sono diversi dai suoi precedenti padroni, sono molto sulle loro, non le fanno fare nulla, né la spesa, né la preparazione del cibo, né si consultano con lei su cosa fare e dove andare. Non la portano mai in giro al mercato, non fanno mai feste e soprattutto master è sempre tra i piedi, sempre a scrivere strane cose sul computer. È un tipo bizzarro, ogni tanto le parla nella sua lingua natale l'Igbo, non deve aver nulla da fare per mettersi ad imparare una lingua inutile, anche lei si è rifiutata di impararla quando quelli della missione le hanno detto che era importante. Ha pensato che era roba vecchia della sua mamma dei suoi parenti anziani, ora la lingua da sapere da parlare è l'inglese, non quello di scuola che è difficile da pronunciare e da leggere, ma quello che parlano tutti, al mercato, gli amici, la sera per strada. Lo chiamano pidgin ma in realtà è molto più facile e musicale. E poi lo parla anche il reverendo, lui è una persona colta, anche lui ha scelto il pidgin come lingua, perché è più vicina a Dio. Per la messa di questo weekend si deve preparare un nuovo abito, una sua amica va in sposa, la cerimonia sarà lunga e molto complessa, durerà tutto il giorno, e lei è un'ancella, per cui deve mostrarsi al meglio, ed il vestito è la prima cosa che deve confezionare. Ci sono delle nuove pezze di stoffa in arrivo al negozio, certamente ci sarà qualcosa che nessuno già conosce, ci saranno dei disegni unici solo per lei. Poi questi nuovi bianchi non la stanno aiutando per la sua famiglia, sì la pagano con impressionante precisione come non le era mai capitato, anzi è già la terza volta che le danno quello che hanno concordato, senza fare discussioni, senza posticipi, senza chiedere nulla in cambio. Ogni volta le sembra talmente bello di avere questi soldi senza chiederli, che quando li riceve non smetterebbe più di ringraziarli e poi la signora bianca le regala anche del latte, dei biscotti, dello zucchero, così, viene a casa e le regala qualcosa. Allora vuol dire che le vuole bene. L'unica cosa che madam non capisce è che a lei servono dei soldi per il figlio, che sta in una scuola molto lontana, ha dieci anni ed è solo in collegio e la scuola è molto costosa, ma deve diventare un medico, deve farsi una posizione, deve avere molti soldi, e girare in una macchina sua, abitare in una casa sua, deve avere successo e non chiedere nulla ai bianchi, deve fare i soldi in Nigeria. E lei è pronta a tutto per fargli avere quello che quel vigliacco di suo padre fuggendo non gli ha permesso di avere. Lei è giovane, ha una posizione lavorativa invidiabile, può trovarsi un nuovo marito, deve solo scegliere con cura, non deve fare più l'errore della prima volta, deve scegliere saggiamente per suo figlio e per sé. Peccato che questi bianchi siano difficili da gestire. Ci vorrà del tempo ma anche loro prima o poi si adatteranno, sarà l'Africa a modellarli.

Ted lo ha appena salutato, ha parcheggiato l'auto sotto il tendone, l'ha guardata valutandone lo stato. È tutta impolverata, domattina dovrà alzarsi molto presto per arrivare prima e lavarla a fondo, non si può presentare in ufficio con l'auto così conciata, verrà preso in giro dai suoi colleghi, e soprattutto quel rompicoglioni della sicurezza comincerà a fare domande, dove sei andato, sei andato a fare Uber, non ti sei attenuto alle regole. Master è una persona simpatica, molto strana, molto diversa dai soliti abitanti del compound. Non è mai contento, vuole sempre sapere cosa succede, fa strane domande sui suoi studi, sul futuro della Nigeria, sul presidente. Ma a lui che gli frega di tutto questo? Ha una bella casa, guadagnano molti soldi, hanno l'aria condizionata ed il televisore. Ha visto che ha un computer al piano di sopra nello studio, e che legge e si informa moltissimo, ma in realtà sta perdendo il suo tempo, in questa nazione non cambierà mai nulla. Forse con le nuove elezioni, se verrà eletto uno Youruba allora qualcosa cambierà, allora ci sarà un vantaggio per la sua etnia e quindi anche per lui, ma per ora deve solo ringraziare di avere questo lavoro all'azienda e di essere pagato puntualmente, senza fargli pesare il denaro che riceve, addirittura Master glielo accredita direttamente sul conto. Non gli era mai successo, i predecessori glielo davano in mano, in molte mazzette che gli gonfiavano le tasche, ma non sempre tutto e non sempre in tempo. Bisogna stare sempre vigili che i soldi non te li dà nessuno facilmente. Quello che non comprende è tutta questa smania di conoscere, di capire, servisse a qualcosa. Ora deve fare i soliti quaranta minuti di strada a piedi per raggiungere l'autobus che lo porterà a casa, ci vorrà più di un'ora. E pensare che a Jikoko erano a pochi minuti da casa, ma non poteva farsi lasciare lì, se poi master si fosse smarrito, la colpa sarebbe stata sua e lo avrebbero licenziato in tronco. C'è di buono che master si è preso la licenza di guida Nigeriana, così almeno al sabato lui non deve lavorare. Poi col tempo anche master imparerà a muoversi più liberamente ed in capo a due o tre anni per lui ci sarà molta più libertà e potrà tornare a casa il pomeriggio e mettersi a dormire e a guardare le sua soap preferite. Ci vuole tempo che i bianchi si adeguino a questa Africa, è molto più grande e diversa del loro paese.

È bello parlare con John, è giovane avrà una trentina di anni, con una madre apprensiva che continua a chiamarlo per sapere dove si trova, ha paura, specialmente oggi che è a casa di un bianco. Lui ha appena finito di raccontare la sua avventura a Jokoko, e John è stato un ascoltatore paziente ha voluto sapere molti dettagli, non conosce la zona, ma ne ha sentito parlare, ci sono delle cave, e i militari hanno da qualche parte un poligono di tiro segreto. Oggi John è lì per parlare di un progetto grandioso, un progetto che cambierà i destini della Nigeria, si dilunga nei dettagli delle alluvioni della Nigeria, hanno spiegato su pavimento una grande mappa che John si era portato dall'università, si vedono chiaramente i due grandi fiumi che sono rappresentati molto schematicamente sullo stemma Nigeriano e che rappresentano la ricchezza del paese. Il Benue ed il Niger. Vengono entrambi da un lunghissimo passato geografico e storico, in questi fiumi sono stati reperiti i più antichi manufatti Nigeriani che risalgono a 6000 anni a.C. e vengono carichi di un viaggio che attraversa varie nazioni per poi confluire all'altezza della città di Lokoja e quindi sfociare in mare. Il Niger è in particolare il fiume che rappresenta l'Africa occidentale, nasce a duecento chilometri dal mare e con un tratto diretto potrebbe andare alla foce in breve tempo, ma decide al contrario di diventare il fiume dei fiumi e di percorrerne circa quattromila attraversando centinaia di culture e portando acqua e quindi fertilità lungo il suo percorso. La storia della sua esplorazione comincia dai romani e termina a fine '700, grazie agli sforzi inglesi di conoscere a fondo i propri domini. Periodicamente, durante la stagione dei monsoni questi due fiumi straripano e fanno centinaia di morti. Secondo John, queste morti si possono evitare. Lui non sa che pensare se non che tempo fa ha fatto un progetto per il monitoraggio delle piene dei fiumi, per cui butta l'argomento sul tavolo più per fare impressione che per credere in quello che dice. John vorrebbe proporre un grande progetto di consulenza al ministero delle infrastrutture che si trova a pochi isolati da lì, vorrebbe presentare un qualcosa di grandioso che lo metta in luce assieme al suo compagno bianco, questo sistema del monitoraggio non gli sembra adeguato, si aspettava molto di più da Lui, non un intervento puntuale bensì un opera di respiro adeguato per l'importanza degli interlocutori che intendeva mettere in campo. Comunque dopo due ore di discussione solo lì sono approdati, per cui John lo incarica di sviluppare una proposta attorno ai sistemi di monitoraggio, che poi verranno presentati nelle sedi opportune facendo quanta più scena possibile. Bisogna fare in fretta che la stagione delle piogge arriverà a marzo, ci sono solo poche settimane per ottenere i finanziamenti ed installare i sistemi.

Non appena possibile Lui si tuffa in questo lavoro, più attratto dall'idea di incontrare dei burocrati nigeriani al lavoro, che per la realizzabilità del progetto. Comincia a cercare in letteratura per capire quanto sia già stato fatto in merito, e che cosa ci sia in essere. Il primo scoglio è quello di trovare dei lavori originali locali. Quasi tutti i lavori sono di organizzazioni estere, che hanno fatto grandi piani nazionali di prevenzione, che hanno proposto corsi di aggiornamento e tanti tantissimi studi su come affrontare l'emergenza, ma ahimè nessuno che abbia fatto delle misure. Anche con l'aiuto di John che si dice immanicatissimo non si riesce ad ottenere un solo dato. Sembra quasi che i dati non ci siano. Poi si imbatte in un lavoro interessante. Pare che il grosso delle piene non sia causato dalle piogge in maniera diretta, come pensava e come gli era stato spiegato, ma che nel caso del Benue provenga dall'apertura indiscriminata di una diga in un'altra nazione. Una diga fatta nel 1972. Non gli sembra vero, comincia ad approfondire l'argomento e scopre che da qualche anno esiste un trattato tra la Nigeria e questa nazione per ricevere in anticipo l'informazione sull'apertura della diga. Sembra un film, quando piove la diga viene aperta per evitarne il sovraccarico e la gente muore. Poi comincia a far ricerche sui danni dovuti alle alluvioni scoprendo che la maggior parte dei morti non è causata dalle dirompenti alluvioni, ma dalle conseguenze delle piogge torrenziali, cioè che viene annoverata tra i morti per alluvione anche gente che rimane intrappolata sotto i ponti o da scarichi d'acqua locali o addirittura crolli. Prova ad elaborare un piano di effettivo monitoraggio delle piene per cercare di raccogliere dati che poi andranno confrontati con i dati meteorologici e quelli della mortalità ma il lavoro sembra mastodontico da ogni parte lo si guardi, perché per ogni aspetto servono dei dati e dei progetti che nel 2019 devono essere per forza in piedi e da anni, con le capacità tecnologiche di una nazione che vanta un'agenzia spaziale e che vuole inviare un satellite in orbita e che soprattutto ha una capacità economica infinita, grazie al petrolio che sgorga a fiumi, anche se fare ricerca richiede delle competenze molto specifiche e tecnologie d'avanguardia. Una visita alla National Library è più che deludente, la biblioteca è chiusa causa sciopero che si trascina da circa un anno, e fin quando non otterranno il dovuto salario con gli arretrati, i dipendenti non hanno intenzione di desistere. Una lunga discussione in una sala polverosa ingombra di libri fino al soffitto, serve a chiarire e di molto le idee di come venga tutelata la cultura nel paese, ma non permette in ogni caso di procedere oltre l'ingresso per effettuare la ricerca bibliografica.

La settimana successiva quando John riceve il lavoro è entusiasta e prende subito contatto con il ministero. L'appuntamento viene fissato per il giorno seguente, e giunge in parallelo un invito per la stessa settimana per assistere alla presentazione del piano per l'emergenza alluvioni per l'anno 2018 presso una sala riunioni governativa, con più di duemila invitati.

La visita al ministero non si svolge secondo i piani prestabiliti, una lunghissima attesa in una sala con la tappezzeria scollata, una moquette lurida ed una televisione mal sintonizzata che a tutto volume trasmette i discorsi del presidente e John che parlotta al di là di una porta a vetri oscurati con qualcuno che sembra molto interessato ma che non vuole dare accesso al ministro. Poi d'un tratto la situazione sembra sbloccarsi, John esce di corsa e fa cenno di seguirlo lasciando Ted solo al parcheggio nell'auto di servizio, salgono sulla sua auto, cosa vietatissima dalla sicurezza dell'Azienda, ed inseguono un'auto nera con davanti una moto con la sirena. John con una mano guida, in un traffico infernale, con moto e persone che continuano a muoversi come fossero in un prato e non al centro di una strada, e con l'altra è impegnato in una comunicazione telefonica tutt'altro che tranquilla con una persona che si capisce essere sull'auto nera davanti. Alla fine sembrano accordarsi per una sosta ad un distributore. I freni bloccano le auto quasi in sincronia, Lui sa che il suo rapimento ormai è una questione di secondi, ma non sa come reagire. I due uomini scendono, John dal lato guida Lui pronto a fuggire dal suo lato. Dall'auto di fronte esce un personaggio che si può solo definire come un alto dignitario, che incede verso Lui, gli stringe la mano, si scusa ma ha una fretta indiavolata. Ha letto il progetto, gli va tutto bene, è entusiasta di lavorare assieme ma la richiesta di 200.000 euro è folle, o si fa gratis, o ci si saluta lì. Lui non è abituato a questi modi di operare nigeriani; Lui è interdetto ma il dignitario incalza, è vestito con un abito di cerimonia nero ricoperto di strisce scintillanti in seta, con le forme abbondanti che lo fanno molto più grande di quello che è e lo sviluppano di lato, che di fronte ci ha già messo abbondantemente del suo. Alla fine un'idea brillante gli attraversa la mente, e risponde che non essendo il responsabile del progetto ma solamente il tecnico, lui proporrà di fare un test gratuito che se andrà a buon fine darà accesso al progetto con i suoi relativi costi. Il dignitario gli stringe la mano, ha raggiunto il suo obiettivo, far partire un progetto e soprattutto gratis, ora toccherà a John la parte realizzativa. Sono tutti felici quando rientrano in macchina, e John più di tutti, ma anche Lui è molto felice che lo svolgersi dei fatti, al contrario di come sembrasse, non era la messinscena del suo rapimento bensì il suo interpretare la realtà con i distorti insegnamenti ricevuti del potenziale bersaglio.

Sono a casa, attorno alla tavola ben apparecchiata con al centro la candela accesa, la moglie lo guarda ad occhi sgranati e non crede alle sue orecchie, Lui è andato al ministero, poi in una macchina non sua, ed ha incontrato in un punto ignoto della città un perfetto sconosciuto ed il tutto senza Ted, senza i monitoraggi e senza aver avvertito la sicurezza. È molto dispiaciuta, la realtà che Lui gli presenta ogni giorno è completamente diversa da quella che si respira in ufficio, dai comunicati della sicurezza dell'Azienda, dalle chiacchiere che si fanno nei corridoi, da quello che si legge sui giornali. I casi sono due, o Lui non legge la realtà nel modo giusto o la realtà è diversa da quella raccontata. Ovviamente propende per la prima ipotesi. Decide di non mostrarsi troppo preoccupata, ma le sue espressioni sono difficili da mascherare, le si legge in faccia una certa angoscia. Ma Lui non sembra, come sempre, aver capito la sua inquietudine.

LE PUTTANE NIGERIANE

Seguono settimane frenetiche per cercare di far quadrare la realtà dei fatti e le proposte infilate nel progetto, ovvero che nulla esiste se non delle buone intenzioni. John è uno sprone, molto a parole e poco nei fatti, ma la sua presenza, i suoi contatti, il suo modo di fare, le sue conoscenze vantate in tutti i settori dell'amministrazione pubblica danno un impulso energetico costante, la Nigeria sembra essere la terra delle opportunità. Nel frattempo quello che sta provando si scontra troppo duramente con l'idea che in Italia si era fatto di questo continente, e quindi di questa nazione ovvero quella di trovarsi in un tucul circondato di leoni. Invece nelle sue quotidiane escursioni è circondato da SUV giganteschi con i vetri oscurati, guida su autostrade a dieci corsie illuminate giorno e notte, attorno al compound ci sono case molto più che lussuose della sua, i marciapiedi sono tirati a specchio da una folla di formichine che da mattina a sera li spazzano e li aggiustano, questa realtà distonica quanto rappresenta la Nigeria? Il quotidiano locale non fa altro che elencare ogni giorno liste di morti ammazzati, di scontri a fuoco, di rapine, non in maniera eclatante, uno stillicidio di pochi morti al giorno; in un conto che ha puntigliosamente tenuto aggiornato da quando è arrivato se ne contano circa un centinaio al mese, ma alla fine comparati alle sole morti per incidenti stradali in Italia, renderebbe la sua nazione d'origine il vero inferno in cui vivere, non la Nigeria. Eppure è da qui che la gente fugge, è da qui che si imbarcano in un viaggio la cui follia si può comprendere partendo da Google map; tecnicamente sarebbe un viaggio in auto da Abuja a Roma di 3 giorni passando per il Niger, l'Algeria e la Tunisia per poi prendere il traghetto sbarcando a Trapani e poi via lungo l'autostrada del Sole. Dalla mappa elettronica solo trequarti del viaggio sarebbero in zone a rischio, ovvero poco più di due giorni.

Ma nel Niger non ci sono strade reali, ci sono le piste che dai tempi di Laurence D'Arabia non sono poi cambiate così tanto e poi l'Algeria, che anche se con autostrade asfaltate, sempre di deserto si parla, e del più arido ed infuocato deserto del mondo. Serve prima di tutto un'auto, e certamente non sarà un modello appena uscito dalla fabbrica, poi le tempistiche sono incerte può succedere di tutto nel tragitto, poi serve una protezione, i predoni esistono ancora eccome; quindi chi fugge deve aver tenuto in considerazione tutti questi fatti e deve aver preso i suoi contatti sapendo come gestire le emergenze. Ma uno come Ted, una come Regina lo farebbero? Il discorso con Regina è sempre complicato, il suo inglese non è a livello pidgin, molto spesso i termini non coincidono o hanno significati differenti, ricorda ancora che sulla sola parola France, ci si è persi per più di dieci minuti, e solo un'intuizione geniale è riuscita a mettere assieme il fonema Fence, con la nazione europea. Spesso il senso del discorso aiuta ma a volte, specialmente quando si affrontano temi metafisici ci si perde. Regina sostiene che per lei un posto migliore dell'Africa non c'è, ha girato tutta la Nigeria, sottolinea più volte di essere una Biafrana, una Igbo e più volte cerca di tornare sull'argomento per far capire fino in fondo cosa questa etnia, questo orgoglio sia, ma all'affermazione che Lui ha letto il testo sacro della Ngozi Adichie, che pronuncia con raffinata pronuncia Igbo, di cui Regina non fa che complimentarsi, decide di smettere di insistere. Lei sostiene che il clima in Abuja non è dei migliori, ama i forti contrasti, ama il caldo Sole del sud, descritto al contrario dai colleghi della moglie come una fornace umida e soffocante, che cede il passo una volta l'anno al freddo della stagione delle piogge. Qua in Abuja il clima quasi non mostra differenze, c'è poi il vento l'Harmattan che porta le malattie agli occhi, e alla gola. E poi qua le persone sono fortemente orientate ai soldi, al fare affari, qua la vita scorre più veloce e la gente non canta per le strade, il cibo si paga sempre, non cresce spontaneo sugli alberi, e poi non c'è vita quella vera, i concerti all'aperto, le discoteche, i ritrovi per tutti, dove se sei una bella ragazza entri sempre gratis e gratis bevi e ottieni tutto quello che vuoi. Ha pensato varie volte all'Italia, o all'Inghilterra avendo lavorato con europei di varie provenienze, ma alla fine il costo in aereo, il problema di gestire i parenti ed il figlio l'ha ridotta ad essere contenta di ciò che ha, un bel lavoro sicuro, amici molto cari, alcuni anche del suo villaggio e molte, molte conoscenze lì in giro. Ma Lui non intendeva l'aereo, intendeva il viaggio in camion, il deserto, il mare, Lampedusa. Sono parole molto strane per lei, non le ha mai sentite, non la interessano, alla radio ogni tanto, molto raramente, se ne parla più che altro per evidenziare come gli europei siano ingrati nei confronti della popolazione di una terra che li rifornisce generosamente di petrolio e che alla fine non chiede che dei posti di lavoro, né più né meno di quelli che si trovano in Abuja, spazzare strade, guidare auto, manutenere giardini, servire in casa. La sua posizione comunque è pragmatica se mai qualcuno le offrisse un biglietto aereo per andare in Europa non vede perché non dovrebbe prendere questa opportunità, anzi si informa se per caso lui non abbia intenzione di farle una proposta in questa direzione.

Con Ted il discorso è più complesso, si inquadra a livello politico e sociale. Ted sostiene che il governo non fa nulla per creare posti di lavoro, che Abuja è un'isola felice perché ci sono i ministeri che danno lavoro all'etnia Hausa e a quanti sanno muoversi come lui e sono bravi a ritagliarsi degli spazi all'interno di questa società. Sostiene che la corruzione è la spina dorsale della nazione, e come ogni giorno si può verificare è diffusa ad ogni livello dal mercato al poliziotto, dal funzionario all'imprenditore straniero. A dire il vero Lui non è per nulla d'accordo, è sì vero che quotidianamente si è circondati da una massa di "beggers" elemosinanti di poco superiore a quella che si incontra quotidianamente a Milano, ma in realtà ha sperimentato unicamente la spiacevole situazione della richiesta esplicita di denaro solo dalla polizia stradale, e dalle guardie private specialmente la notte, quando appoggiano distrattamente la canna del Kalashnikov sul bordo del finestrino a un palmo dalla testa mentre chiedono da bere per placare la loro sete. Tutti i personaggi di un certo livello che ha incontrato grazie alla sua amicizia con John, si sono sempre dimostrati finissimi negoziatori, ma mai corruttori. Ted sembra conoscere meglio il problema dell'emigrazione clandestina ma sostiene che il viaggio per aereo sebbene meno costoso e più praticabile incontra il problema del permesso all'espatrio che non è per nulla facile da ottenere. Servono 2 passi fondamentali: il passaporto ed il bollo di uscita. Il primo è rilasciato dal governo nigeriano in caso di giustificati motivi tipo salute, affari ma mai per emigrazione, il secondo viene dato dalle ambasciate dei vari paesi che li hanno in numero fisso su base annuale, quindi anche avendo il passaporto non è detto che tu possa espatriare se non hai il bollino, e le ambasciate su questo fronte sono rigidissime. L'alternativa quindi è di andare in centri di raccolta ben noti, che offrono un pacchetto di viaggio che quasi sempre comprende anche un lavoro nel posto di arrivo. Questo è ciò che Ted dice, non sembra voler approfondire ulteriormente. A lui non interessa, ha un bel lavoro, sta ad Abuja la capitale, ha due figlie a scuola, una moglie giovane, sa come muoversi, ha amici abbastanza ben collocati nella società e ritiene di avere un notevole spirito imprenditoriale che lo fa essere indispensabile per una serie di personaggi che non saprebbero come fare senza il suo aiuto come taxista, meccanico, uomo tuttofare.

L'occasione di approfondire il discorso dei famosi bollini di emigrazione avviene fortunosamente pochi giorni dopo il lungo colloquio con Ted. La convocazione della moglie all'ambasciata in occasione del cambio dell'ambasciatore è un'occasione sociale unica, e lui è invitato come sposo di lavoratore straniero. Conoscerà una moltitudine di italiani provenienti da quasi tutte le regioni e con multicolori esperienze lavorative alle spalle, lì anche loro chissà perché. La location è raffinatissima e si svolge nel giardino dell'ambasciata in un'atmosfera hollywoodiana. Le signore tutte molto giovani ed elegantissime, nei loro abiti lunghi e scintillanti, alcune con vaghi richiami ai colori ed alle fogge locali, ridono gentilmente attorno a tavolini sparsi nel prato all'inglese. Gli uomini si dividono in due categorie, i militari in alta uniforme, con i colletti inamidati in una serata da 35° con umidità al settanta percento, praticamente una piscina coperta, e gli impiegati di alto livello, in zona per qualche anno, che vestono una larga camicia di cotone candida di bucato, con giacca sportiva. Pochissimi imprenditori, per lo più pizzaioli o nel giro delle costruzioni, che si riconoscono per l'abbigliamento che risente decisamente dei moltissimi anni passati e da passare in loco. Il sottofondo di canzoni italiane anni '70 contorna lo scenario ovviamente a base di pizza e mozzarella chissà come approdata ad Abuja, e vino italiano a fiumi servito a temperatura ambiente. Qualche, due o tre, alti dignitari locali, nel loro abbigliamento tradizionale, ed invitati da altre ambasciate. La serata diventa ben presto noiosissima e grazie ad una partita di calcio in mondovisione, molto velocemente il prato si spopola, rimane unicamente l'ambasciatore, che grazie alle temperature e alle abbondanti libagioni si presta a rispondere ad alcune curiosità sulla Nigeria. Purtroppo il colloquio non risulterà alla fine essere molto interessante, l'esperienza dell'ambasciatore e della sua corte è molto simile a quella del tucul circondato da leoni, e traspare chiarissima l'intenzione di immischiarsi il meno possibile in una terra in guerra e pericolosa. Il mistero del contingentamento dei bollini viene liquidato con disposizioni europee, ma in realtà pare esista un commercio di falsi e veri bollini che è praticamente impossibile da controllare. Per i centri di raccolta si sa molto su di essi, chi li gestisce, chi li alimenta, il tipo di marketing che viene fatto e dove si trovano. Ma ovviamente solo la polizia nigeriana, che non tollera interferenze sulla sua nazione, può intervenire e lavorare sul problema, che ovviamente non è considerato come prioritario, essendoci Boko Haram a focalizzare ogni attenzione ed investimento. È la seconda volta che sente citare il gruppo di rivoltosi come "il problema nazionale", ma da quando è arrivato di tutto ha letto tranne che di conflitti a fuoco o di guerra in atto con loro. Ha letto e sentito molto parlare degli scontri nei villaggi tra allevatori e agricoltori, di manifestazioni con morti e feriti tra i militari e manifestanti sciiti, ma null'altro. Nelle sue ricerche successive, sia in internet che parlando con John, Regina e molte altre persone si è fatto una idea molto confusa su cosa sia in atto in quella terra. Persino il significato del nome è oscuro, secondo i locali significa "via da tutto", secondo i giornali europei "l'educazione occidentale è un peccato", secondo il linguaggio Hausa vuol dire "bandiera ribelle", sono assurti alla fama con il rapimento di 276 scolarette di varia età ma prevalentemente in età pre-adolescenziale e identificate dalle notizie mondiali come le Chibok girls avvenuto nel 2014. Le ragazze hanno vissuto una prigionia che tutt'ora è ancora molto dibattuta anche se alla fine sono state liberate quasi tutte un po' alla volta, ma è realtà fattuale che sono quasi tutte tornate volontariamente tra le file dei rivoltosi, dove almeno si mangiava una volta al giorno. Oltre a questo e ad altre clamorose azioni, di certo non riempiono con i loro misfatti oggettivi le pagine dei quotidiani locali, li si cita molto quando vengono fatti acquisti di aerei o elicotteri per il contrasto della guerriglia, ma poco altro. Chibok tra l'altro è un posto già famoso agli inizi del 1900 quando quelle zone avevano dato dei grossi grattacapi alle truppe inglesi occupanti che impiegarono più di un anno a sanificare la zona, che comunque era rimasta nonostante tutto particolarmente insidiosa. Chissà in che termini e in che modi si potrebbe visitare, pare che i guerriglieri a quei tempi riuscissero a resistere grazie ai loro rifugi nelle grotte delle montagne.

Le giornate si susseguono ricche di operosità e i contatti si arricchiscono sempre di più, fin quando spunta dal nulla un'agenzia per la scoperta del territorio di Abuja. Sembra un'opportunità offerta per conoscere meglio l'area, Ted è sempre disponibile per cui dopo un lungo scambio di WhatsApp con la guida, si accordano per un incontro in un certo punto della città, lontano ma conosciuto e comunque decisamente fuori della zona di sicurezza dell'Azienda. Lei decide di non venire, ma si fa promettere che per certo Lui sarà di ritorno prima dell'imbrunire e che Ted ci sarà costantemente per tutte l'escursione.

LA GITA SULL'ALTOPIANO

Partono, al solito Ted non sa per dove, e non lo deve sapere, secondo il loro tacito accordo dove lui rischia il licenziamento se non peggio e Lui solo un forte cazziatone. Il cielo è coperto di grossi e neri nuvoloni, che in Italia avrebbero scoraggiato una qualunque idea di gita. La città a quota 500m, è alla base di un meraviglioso altopiano sui 900m, lussureggiante, ma irraggiungibile per i bianchi, intrappolati dalle paure e dalla diffidenza. Salgono per una strada tortuosa e trafficatissima, dove Ted spiega che le moto di piccola cilindrata le possono solo guidare gli Hausa l'etnia vincente voluta dagli inglesi prima del loro disordinato ritiro e della proclamazione della repubblica nigeriana e che oggi governano il paese con mussulmana benevolenza. Bisogna stare attenti, se si ha un incidente con una moto si viene immediatamente raggiunti da tutti quelli che hanno visto e dagli altri motociclisti che prima distruggono l'auto per poi cominciare a parlare di risarcimento danni (a loro). Schivare le moto è in realtà molto più complicato e rischioso che superare i camion in curva o evitare le gigantesche buche di memoria capitolina. Alla fine anche questa volta il caos che circonda la città è superato, prendono a destra seguendo le vaghe indicazioni per arrivare al punto di incontro per una delle solite strade sterrate di colore rosso fuoco che sono le uniche vie di comunicazione africane. La strada si svolge in un panorama di rocce incombenti e rare piante. Si cammina piano, l'auto di servizio è una tipica berlina da città, le uniche a disposizione. La città in realtà è piena di SUV e jeep tra le più costose sul mercato, ma non le ha mai viste al di fuori del triangolo del compound che è sito nel quartiere più in della città e di tutta l'Africa. Sono quasi in cima alla salita, dovrebbe aprirsi nella sua magnificenza l'altopiano. Ma no prima ecco la solita sorpresa, che ormai sta diventando il leitmotiv di ogni escursione, l'immondezzaio. Chilometri quadrati di pura immondizia, sparsa in giro e appena possibile bruciata dai locali per placarne in qualche modo la puzza dovuta alla fermentazione a causa delle temperature. La normalità. L'agenzia statale incaricata del servizio procede alla raccolta nei quartieri bene e poi scarica tutto appena fuori città, nei prati, vicino ai campi coltivati. Lui non si rende capace del problema e cerca con Ted di comprendere meglio la situazione, celando a fatica l'incazzatura. Ted se la ride, come sempre, come quando gli fece un cazziatone perché appena finito di bere una bottiglia di coca cola l'aveva gettata dal finestrino, al centro di un paese. Ma qui è così non c'è un domani, non ci sono prospettive, c'è solo l'adesso, il momento che si vive, lui non pensa al futuro dei suoi figli, la loro vita sarà diversa dalla sua e Dio provvederà a loro, perché qua solo la religione conta, cristiana o mussulmana non fa nulla basta credere alla redenzione dei mali e ad una vita migliore da qualche altra parte. A questo punto mentre Lui insiste nel perorare le sue ragioni su quanto tutto questo sia disgustoso, Ted lo interrompe e chiede: ma ci sono dalle tue parti in montagna dei villaggi cosí? Lui si ricorda la distinzione che tempo prima Regina gli aveva fatto tra villaggio, hamlet, e città qui in Africa. L'hamlet è normalmente un insieme di capanne di fango e paglia. Ogni capanna viene costruita specificatamente per la donna che la abita e per i suoi figli, gli uomini spesso vivono con loro ma non è detto sempre con la stessa donna nella stessa capanna, indipendentemente dalla loro religione, la vita di questi indigeni è per lo più dedita alla pastorizia e all'agricoltura. Gli indigeni in Nigeria vengono chiamati Gbagyi di origini antichissime (che gli inglesi per l'incapacità di pronunciare in maniera corretta hanno tradotto in Gwari), parlano una lingua primordiale e diffusa e sono per lo più cristiani, avendo subito l'influenza di quella che è ormai riconosciuta come la SIM (Sudan Interior Mission) nel 1893. I villaggi invece sono quelli che normalmente si chiamerebbero delle bidonville, un ricettacolo di sporcizia e malattie, da cui è bene stare molto lontani. È la realtà che circonda il nucleo delle città a perdita d'occhio, sono fatte di lamiera e plastica.

Rispondere alla domanda di Ted non è perciò per nulla semplice. E più parla più si rende conto che non ci si capisce perché non ci si può capire. Come rendere ad un africano il piacere di una gita fuori porta con pranzo nell'osterietta caratteristica con quel vino che sa di giovane e di fregatura? L'arrivo al punto di incontro fa cadere quasi subito il discorso, Ambrose, l'organizzatore della gita, il CEO dell'azienda di scoperta del territorio, la guida autorizzata, li accoglie con entusiasmo e li abbraccia con calore come se si conoscessero da sempre. Il clima diventa subito cordiale e senza perdere tempo si prosegue su due auto, nella prima Ambrose con altre persone di Abuja e nella seconda fanno spazio ad una simpatica ragazza sempre locale che dice di chiamarsi Stella. Tutti nomi europei, pensa Lui, che strano. Si entra in un panorama africano punteggiato di hamlet e di persone che percorrono sentieri che collegano mucche al pascolo con terreni coltivati. La tensione in macchina sale, non sono per nulla equipaggiati per quello che stanno facendo si fidano unicamente di Ambrose. È palesemente la prima volta che Ted, abituato all'asfalto cittadino, si trova ad affrontare un percorso così impegnativo. Ma la natura che li circonda è impareggiabile. Ad un certo punto impone al gruppo una sosta e corre a fare una foto, attraversa un campo di yam[1] di corsa, e sale su di una roccia sporgente. Mentre fa le foto non si accorge che si è appropinquato molto silenziosamente un contadino, che vuole capire che stia facendo là in quel posto, nel suo campo. Cerca di comunicare con lui ma Ambrose urla dalla strada che è inutile parlare, che lui non lo capisce è un Gwari (come si vede c'è sempre spazio per il razzismo in ogni posto del mondo). Allora Lui si gira e mostra con calma la macchina fotografica ed una montagna in lontananza. Il contadino guarda, sorride, e lo spinge verso un albero di banane per venderne un casco. Lui cerca al contrario di focalizzare la sua attenzione sulla montagna, ma il Gbary ha in testa il casco di banane. Alla fine di questo assurdo dialogo metafisico con reciproche incomprensioni l'indigeno si gira e se ne va scuotendo la testa. Ambrose poi intratterrà tutti sul commercio non equo e non solidale che avviene da quelle parti. Gli abitanti delle bidonville forti del possesso delle moto, si spingono sull'altopiano a contrattare l'acquisto di quantitativi di coltivato a prezzi anche dieci volte inferiori a quelli di vendita nei mercati per bianchi a non più di qualche chilometro di distanza. Distanza improponibile per un contadino che ha come scopo principale quello di curarsi il raccolto e di mangiare, e che non può certo caricarsi di chili e chili di raccolto per ottenere dei soldi che in ogni caso non saprebbe come spendere nel posto in cui si trova. L'intermediazione invece gli

[1] Lo Yam, nome dialettale per l'Igname o patata dolce, è una pianta rampicante che produce un tubero simile alla patata ma molto più ricco di amido, di cui prevalentemente si ciba la popolazione nigeriana.

permette di accedere ad una misera ricompensa, per lo più in attrezzi e servizi. Ritornano in macchina, continuando lentamente su di una strada che diventa sempre più impercorribile, comincia il fango, ed alla fine un motociclista svela che da lì in poi è una tragedia, la strada c'è sulla carta di googlemap, ma in realtà è un sentiero. Ted è visibilmente a disagio mentre Ambrose sostiene che l'anno prima la strada era perfettamente transitabile, e che forse saranno state le recenti piogge, è impressionante come i locali si spertichino in velocissime spiegazioni degli eventi improvvisi che si trovano a sperimentare, incuranti spesso dell'improponibilità delle spiegazioni. Con molta fatica viene eseguita l'inversione ad U, tra buche e rocce sporgenti, e le auto vengono parcheggiate alla bell'e meglio per permettere ad eventuali motociclisti di passare. Stella seduta sul sedile posteriore dell'auto, non ha pronunciato una sola parola durante tutto il viaggio, si è limitata a chattare ed ascoltare musica. Dall'auto di Ambrose invece scende una banda vociante di ragazze ed un bambino, saranno sei o sette. Le nuvole hanno smesso di essere minacciose e cominciano a versare sul gruppo una mole d'acqua che Lui non aveva mai neppure pensato potesse essere raccolta in una nuvola. Aveva sì letto dei temporali africani, dove grazie alle temperature più alte che in Europa, vengono immagazzinate enormi quantità d'acqua, ma una lezione di fisica così lampante non l'aveva mai vista. Nessuno del gruppo, neppure il bambino, sembra notare il quantitativo d'acqua che in brevissimo tempo li infradicia tutti, ed Ambrose da ottimo capo gita, provvede ombrelli per tutti estraendoli dal magico bagagliaio dell'auto. Ted, sostiene che per lui è meglio rimanere a curare le auto, per cui neppure esce dall'abitacolo, si fa dare le chiavi di Ambrose, e si immerge nello studio del suo smartphone cercando di trovare la sua soap preferita. Non è mai stato da quelle parti, ma neppure gli interessa nulla della natura, dei Gwari, degli sfizi di Lui. La pioggia in effetti, nonostante sia inarrestabile non è per nulla fredda, anzi è quasi piacevole, gli scarponi di Lui sono i migliori che ci sono sul mercato, e questa escursione è un'ottima prova di tenuta. Lo stesso non si può dire delle calzature e dell'abbigliamento del resto del gruppo. Sono per lo più ragazze di buona famiglia che non sanno cosa fare il weekend, per cui si iscrivono ad attività varie, tra cui le escursioni. Sono veterane di queste uscite, ma apparentemente o l'escursione sarà breve, o nulla hanno imparato sull'abbigliamento da tenere. Passano pochi minuti, forse una ventina, e al cospetto di un gigantesco albero di mango, il capogita dà il segnale di sosta. In effetti è buona cosa, pensa Lui, il bambino ormai è completamente fradicio, sarebbe bene che si facesse un fuoco, e le ragazze, grazie alle calzature improbabili sono coperte da un sottile strato di fango anche in seguito a varie cadute, che hanno sempre preso con uno spirito allegro e motivatissime si sono sempre rialzate ed hanno continuato il cammino. Ambrose inaspettatamente estrae dal suo grande zaino un grosso altoparlante Bluetooth, tra la gioia delle ragazze, che evidentemente non aspettavano altro, e tutte cominciano a parlottare estraendo i loro cellulari, su quale sia la scelta musicale migliore per l'occasione. Vedendo la faccia molto eloquente di Lui, Ambrose lo rassicura dicendo: "ci fermiamo un attimo, mangiamo, ci rilassiamo e poi continueranno per la meta prefissata", la cima di questa collina da cui si può vedere un panorama unico, anzi il meglio di tutta l'Africa. Sempre dal suo zaino estrare un paio di giochi da tavolo, che appoggia su un grosso cippo di cemento, con delle lettere incise una specie di A rovesciata ed una M. La pioggia è finita, mentre una musica orrenda alle raffinate orecchie classiche di Lui inonda la foresta, un misto tra disco music e rap, con dei toni dolciastri, e ritmici, con una batteria elettronica di sottofondo che canta come un mitragliatore, insomma una cosa inascoltabile e sempre uguale. La base del mango diventa una pista da ballo, mentre il cippo la bisca clandestina dove si beve alcool e si gioca a soldi. Lui per evitare di essere trascinato nei balli decide di investire un capitale nel gioco d'azzardo che gli viene accuratamente spiegato e di cui non capisce una sola regola. Alla fine con suo grande disappunto perderà l'incredibile cifra di 10 centesimi di euro, in una partita a tratti ricca di tensioni. Ora la sua pazienza è giunta ai limiti, ed Ambrose da buon capo cordata ha già intuito, e parlottando brevemente con le danzatrici scatenate, comunica che le lascerà sole nella foresta, giusto il tempo di accompagnare il bianco in cima alla collina che si intravede, tanto non piove più e c'è birra a sufficienza per tutti e dolci per il bambino. Le ragazze con noncuranza continuano i loro balli scatenati sulle note sempre uguali dell'altoparlante. Ambrose si incammina dopo avergli lanciato uno sguardo ed aver pronunciato la parola "casualities" rivolta verso le ragazze. Lui ridacchia per l'arguto paragone, ma è felice di essersi liberato da quel casino. Salendo, per un sentiero dolce e reso fastidioso solamente dalle frequenti scivolate sulle rocce cosparse di fango, si ferma ogni tanto a fotografare dei cartelli che non aveva notato dall'auto. Sono cartelli che delimitano dei confini di proprietà immobiliari molto precisi. Parlano di ville e di piscine, resort e di agglomerati industriali ed educativi. È come se tutta quella giungla sia già stata lottizzata, per ora è in mano ai Gbagyi, ma appena la situazione politica sarà più stabile, le grandi aziende inglesi, francesi e chissà chi altro arriveranno qua con le ruspe e faranno tutto quello che c'è precisamente indicato su questi cartelli vendendo pacchetti vacanze e investimenti immobiliari nell'Africa lussureggiante. E loro, i locali? Beh li hanno già buttati fuori da Abuja quando il grande architetto Giapponese Kenzo Tange nel 1976 fu incaricato di progettare la capitale della Nigeria, che cosa sarà mai toglierli da lì? Sono arrivati quasi alla cima, si para davanti a loro una specie di steccato fatto di rami intrecciati con cura. Ambrose sembra molto pratico del luogo e lo segue in una direzione precisa. Nel frattempo, a causa della temperatura, che non più regolata dagli scrosci d'acqua ritorna ad avvicinarsi alla sua media, si comincia a formare una nebbiolina di evaporazione che lentamente sale dal suolo rendendo il panorama molto sfumato. In breve raggiungono una specie di passaggio e si trovano a camminare al centro di un hamlet fatto di minuscole capanne di fango che ospitano ciascuna una sola donna con alcuni bambini. Nonostante il fango, la nebbiolina e la pioggia che in realtà non ha mai smesso di cadere, si è solo fatta molto più fine, dalle capanne escono tutti, donne e bambini, nessun uomo. Il contrasto tra il villaggio cosi povero e così triste immerso in quel panorama che può solo essere definito al meglio come fangoso, e la gioia sulle facce dei bambini e delle donne, tutti praticamente nudi, con solo pochi stracci addosso, gli fa scendere delle copiose lacrime, e vorrebbe dare tutto quello che ha in quell'istante a tutte quelle persone che si avvicinano, gridano, cantano, ballano e non chiedono altro che di essere lì in quel momento con loro. Ambrose parla la lingua hausa, che i Gbagy hanno imparato per poter vendere i loro prodotti, e Lui che veramente non sa come ricambiare tutta quella festa e che vorrebbe che almeno i bambini tornassero al riparo, mette mano al portafogli e consegna al primo bambino una banconota da 1000 naire, l'equivalente di 3€. Questo fatto scatena immediatamente la furia di Ambrose, che gliela strappa da mano, e gli dice, sicuro di non essere capito, che non si fa così, che così si creano dei problemi, che gli uomini bianchi sanno solo creare problemi. È sparita in un attimo tutta la sua familiarità, Lui è rimasto di pietra, tutta la sua voglia di fare, di aiutare gli è rimasta bloccata in gola. Ambrose, visto che ormai il danno è fatto, chiede alla donna più anziana di chiamare il capo villaggio, che non è mai uscito dalla sua capanna. È un uomo alto, magrissimo, con uno sguardo mite e triste. Ambrose gli si rivolge in maniera ossequiosa, parlando adagio, indicandolo di quando in quando. L'uomo non risponde, non fa cenni del viso, non dice nulla. Dopo lunghi minuti di conversazione riceve il denaro che gli viene porto con grande enfasi, è quasi incredulo. Gira lo sguardo verso una donna e in un attimo sparisce nel luogo da dove era venuto. La donna si avvicina loro, e si scusa di non poter contraccambiare per il dono, ma non hanno avuto tempo, non essendo stati annunciati, di preparare delle patate per i visitatori, e poi oggi con il fango non si possono estrarre le patate dal terreno. Si accordano per una visita successiva, in cui dovranno presentarsi con un capiente sacco per poter ricevere il quantitativo di patate relativo alla donazione fatta. La visita è finita, gli sguardi dei bambini sono sempre felici, si è alzata nel frattempo una fitta nebbia, che impedisce di godere del tanto promesso panorama migliore d'Africa. Dal momento in cui sono partiti non è passato molto tempo forse un ora, e mentre segue le impronte di Ambrose cerca di focalizzare meglio gli accadimenti in particolare l'atteggiamento della sua guida e si scopre un sorrisetto sulle labbra scatenato dal pensiero delle ragazze che stanno ballando poco sotto. Il piede sicuro della guida all'andata, è altrettanto lesto e sicuro al ritorno, e Lui non può che esserne stupito, visto che sono in una foresta, senza chiari sentieri, con tantissime tracce che si perdono in ogni dove. La certezza che neppure Ambrose, a causa della nebbia sappia dove si stia dirigendo si materializza quando si ritrovano in un altro villaggio, che prima non avevano visto. Con professionalità la sua guida si rivolge alle donne che subito escono dalle capanne, che gli indicano con precisione una strada. Non passa che poco tempo che si ritrovano in un altro villaggio. Ancora donne, ancora bambini festanti, ancora discussioni, ma sfortunatamente queste donne non parlano Hausa, ma fortunatamente sanno qualche parola di inglese, e lì Lui percepisce lo smarrimento della sua, fino a quel momento ritenuta affidabile guida. Capisce che Ambrose sta chiedendo indicazioni per il grande albero di papaia, e a quanto può intuire, nella sua insignificante esperienza africana, di grandi alberi di quel genere ce ne deve essere uno per villaggio. Si rivolge a sua volta alla donna chiedendo dell'albero di papaia con il cippo con le lettere AM. La donna si illumina e chiama un ragazzino striminzito che si offre di accompagnarli. Il ragazzino molto preso dal suo incarico, e dalla sua gioventù, ovviamente segue la via più diretta, non certo quella che meriterebbero le ossa di Lui e la sua età. Per cui tra scivoloni nel fango, salti tra gli sterpi, e telefonate insistenti delle donne, che forse sono intimorite dalla nebbia e dall'assenza ahimè prolungata degli uomini, giungono dopo un'altra ora al grande albero di papaia con cippo di cemento. Ambrose non ha rivolto parola a Lui per tutto il tempo della discesa. L'albero è muto, le pile dell'amplificatore si sono scaricate, scatenando il panico tra le baiadere locali, ecco perché tutte quelle telefonate. Si torna alle auto in una discesa affollata di selfie. Ambrose si è alla fine avvicinato e si è scusato, cercando di spiegare che qua siamo nella civiltà del baratto ed i locali non hanno quasi l'uso del denaro, comprendendone ben poco il valore che per loro è commisurato al lavoro ad esso associato, per cui un sacco di patate vale una frazione insignificante della banconota data, quella donazione, che nella loro tradizione non esiste come atto, li ha lasciati spiazzati in quanto incapaci di contraccambiare, ma allo stesso tempo ha innescato la convinzione che ogni uomo bianco dovesse pagare per la sua presenza in quel posto una banconota equivalente. Ancora una volta Lui si era rapportato con i luoghi partendo dalle sue convinzioni e dalle sue tradizioni senza rispettare popoli che vantavano una storia ben più antica di quella europea. Alla fine completamente ricoperti di fango arrivano alle auto. Ted sta dormendo della grossa e si è barricato in auto. Ci vuole un forte bussare sul parabrezza per svegliarlo. Non piove più, sbadiglia e con calma apre la portiera e rivolgendogli si direttamente dice con sguardo disperato, che in quel luogo sperduto non c'è campo per il telefono. Non è mai stato preoccupato per la pioggia, per l'assenza prolungata, per il fatto che sono tutti ricoperti di fango, ma per l'assenza di campo. È la prima volta che gli succede ad Abuja, e la cosa lo ha sconvolto non poco, poi visto che pioveva, si è messo a dormire non potendo far altro. Mentre ritornano, Lui riflette di non aver avuto la benché minima sensazione di insicurezza e di pericolo durante tutto il viaggio, a parte l'esternazione angosciata di Ted relativamente alle coperture dei cellulari, ma come spiegargli che anche nella bella e civile Europa questo accade in montagna? Ha incontrato persone gentili, che lo hanno aiutato a superare i guadi dei torrenti, che hanno indicato la strada quando serviva, che si sono messi in posa per le foto, e che quando attraversavano i villaggi salutavano e correvano in contro, complice Ted che strombazzava in ogni momento per salutarli, e quando possibile hanno offerto le papaie che qua crescono in ogni dove. Le montagne, quelle sullo sfondo anche stavolta sono sfuggite, ma non sono irraggiungibili, la gita di oggi ha indicato una possibile strada, ma molto c'è da fare specialmente sulle carte se si vogliono raggiungere, la natura non è ostile ma certamente molto folta.

Ha investito questi mesi di Africa su vari fronti, uno però più importante di altri è stato di cercare di approfondire la conoscenza della lingua locale. Uno dei primissimi aspetti su cui si è scontrato era il fatto che parlassero una lingua genericamente definita pidgin-english, che dall'inglese originario assume, a seconda del grado di cultura di chi lo parla, delle grandi distanze. È certamente un derivato dall'incontro della lingua parlata in famiglia e di quella inglese imposta nelle scuole fin dal periodo del loro dominio sulla regione, dominio che si è protratto fino al 1960 lasciando dei fortissimi connotati, che meglio sarebbe definire disastri anche nell'attuale organizzazione del paese. Per lui la comunicazione con le persone aveva notato essere sempre un problema, tant'è che molto spesso nella comunicazione verbale, sia nei suoi confronti, cosa che agli inizi lo aveva fatto irritare non poco, che tra i locali, si usasse come intercalare "you understand?" che è molto di più di una verifica retorica di quanto si è detto ma è una vera e propria richiesta di mostrare di aver capito, fatta subito seguire da una richiesta di ripetizione del concetto espresso dall'interlocutore. Si perché mischiare una lingua dominante che si impara a scuola con una lingua che si parla in casa può certamente generare un ibrido, ma mischiare undici lingue con più di trecento varianti genera un mostro, e con tale mostro linguistico si convive oggi. Le lingue nigeriane in effetti sottolineano la marcata differenza storica tra i gruppi di abitanti che oggi formano lo stato. È un gigantesco laboratorio linguistico che potrebbe, se intelligentemente guidato, essere da modello di integrazione per molte altre nazioni includendo l'Italia e l'Europa. Grossomodo le etnie principali, secondo quanto può dire dalla sua esperienza quotidiana, sono quattro, la Hausa, la Igbo, la Yoruba, e l'insieme di tutte le altre otto etnie più importanti della Nigeria ma che sono rappresentate da una popolazione non significativa. Gli Hausa musulmani sunniti, estremamente ligi alla religione, sono stati eletti dagli inglesi come la classe politica di riferimento, si riconoscono subito, hanno una figura slanciata, in genere sono molto belli sia gli uomini che le donne, e si sono trovati l'eredità di gestire una nazione che spazia da un clima arido e desertico del nord, ad uno caldo umido a sud, con le inevitabili profonde differenze di vita e di cultura. Hanno una storia prevalentemente nomade di allevatori, questo fatto segna profondamente la loro impronta nel gestire la nazione. Per quanto non si possa parlare di una personalità di razza, si possono certamente notare delle differenze di retaggio culturale. Un allevatore, nomade fino alla generazione precedente, non ha un profondo sentire delle necessità di una popolazione stanziale di agricoltori che investono in un posto, che rischiano sulla loro capacità di resistere, insomma un albero stanziale non può essere messo in relazione con un lupo nomade. E qui l'esperimento diventa interessante perché questa cultura politicamente dominante ha a che fare con gli Igbo per lo più cristiani e fieri cultori della loro nazione, il Biafra in cui hanno solide origini e solida storia di cui sono i fierissimi custodi e prosecutori.

La cultura Igbo molto sviluppata prima dell'arrivo della dominazione inglese, si basava su un'organizzazione sociale e civile molto precisa e funzionale, che si era tramandata per centinaia di anni. Secondo una tradizione consolidata tra questa gente, il blues era la loro espressione musicale delle origini e fu poi trapiantata in America in conseguenza della deportazione degli schiavi, in gran parte gestita dagli Hausa. Gli Igbo hanno deciso da tempo, in particolar modo da quando sono state scoperte ingenti riserve di petrolio nella loro terra, che la loro patria si chiama Biafra e non Nigeria, e i loro pari si chiamano Igbo e non nigeriani. La storia recente li ha dispersi e sconfitti, ma è una piccola onda di un mare che è stato e sarà in grado di produrre onde ben maggiori, se incanalata da una guida adeguata. Gli Igbo non governeranno mai la Nigeria, questo lo sanno tutti coloro che ci vivono e quelli che hanno tempo sufficiente da dedicarvici, non lo faranno mai perché pensano in grande. Nel frattempo hanno convertito la loro missione di sopravvivere nell'arte di commerciare. Il commerciante tipico africano è un Igbo. Ti approccia con uno sguardo solare ed amichevole, pronto a venderti qualunque cosa, da un futuro migliore ad un'auto usata, durante la negoziazione soffre veramente ed empaticamente, e non è raro che gli escano delle lacrime per sottolineare lo sforzo che deve far per accondiscendere alle inique richieste di sconto. Non bisogna farsi mai incantare è solo grande teatro. Poi ci sono gli Yoruba. L'etnia che vanta una storia millenaria, con radici che si propagano nel presente. Yoruba sono gran parte dei neri d'America, Yourba sono i ritmi sudamericani, la musica di cuba, è l'etnia più vincente che abbia avuto l'Africa dopo i Bantù, hanno avuto un impero fiorente, maestoso ed indomito, fino a quando le loro lance e le loro tecniche di guerra sono state letteralmente spazzate via dai cannoni inglesi e dai moschetti Martini-Henry. Nulla è rimasto di questo grande popolo se non un'etnia che ha fatto dell'arte della negoziazione i suoi baluardi più distintivi. Da occidentale è sempre impossibile capire, sia guardando le persone sia parlandoci l'etnia che si ha difronte, ma tra i suoi amici locali non è così basta uno sguardo, confermato poi dalla richiesta del nome per avere già il profilo della persona con cui ci si relaziona. Comunque è fiero di sé stesso perché ha imparato le frasi di contatto più importanti e alcune parole per poter mostrare il rispetto che le persone che ha difronte meritano. E sempre succede che quando sfoggia queste sue conoscenze trova un grande stupore positivo. Una volta un dignitario gli ha persino chiesto perché si fosse preso la pena di sprecare il suo tempo ad imparare una lingua che ormai nessuno vuol più parlare essendo l'inglese la lingua dello stato. Da questo piccolo scambio di battute ne era nata un interessante discussione che aveva coinvolto altre persone che si trovavano in quel momento nella stanza. La lingua di una persona secondo Lui è un pezzo inscindibile delle sue tradizioni, che comprendono il suo modo di pensare, di mangiare, di vivere financo il suo modo di approcciarsi agli altri. Chi conosce le sue tradizioni, sa come e dove hanno vissuto i suoi antenati, si sente parte di un albero che ha radici lontane ma non troppo sconosciute, e che ha il compito di perpetuare il meglio che lo ha prodotto alla luce di chi lo ha preceduto. Io vivo così perché mangio così, e quindi propugno la mia originalità e la mia unicità in un mondo che si sta omologando sempre di più. Quello che sta per succedere in Nigeria, è quello che ahimè è successo in Italia negli ultimi cinquant'anni, ovvero si sono perse le tradizioni in nome di un nuovo che ha nel frattempo assunto la definizione di tecnologico e quindi più bello e più giusto di ogni cosa che lo ha preceduto. Sebbene lo capisca, non sa più parlare il dialetto dei suoi genitori, come non sa fare come sua nonna il risotto con la luganega, e la polenta con il coniglio. In Nigeria le lingue madri non sono più insegnate a scuola ne tramandate da padri a figli che sono stati sradicati dal loro villaggio e si sono dovuti cercare un posto per non morire di fame, contrabbandando le loro tradizioni con una lingua e con una cultura omogeneizzata e che ha fatto loro perdere i riferimenti ancestrali senza fornirne di nuovi, o meglio fornendo come nuovi obiettivi il possesso e l'uso del denaro per essere padroni non si sa di cosa, se non di decine di inutili oggetti che acquistano un valore affettivo e non altro, nel momento in cui vengono meno. Queste riflessioni sono fortemente criticate dai suoi interlocutori, in quanto foriere di chiusura mentale verso l'altro. La cultura territorialista e chiusa del villaggio ha generalmente paura dell'altro del diverso e tende a fomentare intolleranze, per cui quanto più si predica per il ritorno alle radici, per la salvaguardia delle tradizioni, tanto più si fomenta la separazione che è assolutamente l'opposto di ciò che si sta cercando di realizzare con fatica in Nigeria.

Lui non è d'accordo con questa visione, gli rivengono in mente le parole della moglie che ha sempre sostenuto che la rivalutazione delle radici non è un processo totalizzante, si intende la rivalutazione culturale, ovvero appoggiata ad una consapevolezza di quanto valga la diversità delle tradizioni affinché si mantengano in vita i contributi originali di ognuna con le loro radici. È bello dice spesso Lei, andare a Napoli e mangiare una buona pizza napoletana, molto più che non andare alla pizzeria sotto casa a Milano, per quanto buona possa essere. La pizza mangiata a Napoli porta con sé tutta la tradizione i mandolini, il rumore della risacca, l'antico e il bello della città con i suoi umori e sapori che fanno parte integrante dell'esperienza pizza a Napoli, questo non nega la presenza di questo alimento al di fuori della sua collocazione naturale, ma è importante che venga data la giusta enfasi ed il giusto riferimento a livello locale affinché sia e rimanga una peculiarità di un luogo e di una cultura. Quindi non affermare le origini negando l'altro, ma investire nelle proprie origini per rispettare quelle degli altri e per valorizzarle. Una cultura deve essere fatta dei valori riconoscibili che l'hanno generata, non deve essere un magma indistinto in cui si perde l'informazione originaria, ma un insieme di informazioni di valore che ne accrescono il peso finale. La discussione si perde in un rivclo di partigianerie, ma rimane il tema di fondo, integrare ha un valore solo se rispetta le unicità e le originalità non se le fa diventare un acefalo McDonald che vive dell'ottimizzazione globale e riduce tutti i sapori a quello di cipolla e di fritto. Sorseggiando un rum di dieci anni, dopo aver gustato una splendida bresaola della Valtellina procurata dal fenicio, così ormai chiama il supermercato presso cui si servono gestito con affettata cortesia da dei sorridenti libanesi, che non perdono occasione di dimostrarsi simpatici e servizievoli, chiede a Lei come pensa possano coesistere tali contraddizioni. Un supermercato ricco di ogni ben di Dio secondo i desiderata dei clienti che lo frequentano, e gestito con attenzione maniacale che arriva a mettere sotto plastica le zucchine una per una, che serve una clientela per lo più bianca o locale di altissimo livello, con tutti i farmer's market che affollano la strada, per non parlare dei venditori ai semafori, degli ambulanti, e dei grandi mercati all'aperto dove si trova di tutto dalle galline vive alle gomene da imbarcazione, a cinquecento chilometri dal mare più vicino. Un supermercato dove apparentemente la qualità è sovrana, rispetto alla strada, ma dove in realtà la catena della qualità e la sensibilità alla qualità del cibo e della vita più in generale, non viene neppure percepita. La moglie è sempre stata molto esigente sulla qualità del cibo, e per i suoi natali napoletani, e per una sua personale raffinata sensibilità circa il mangiare. Ma in questa incredibile città dove paradossalmente potresti trovare tutto quello che ti serve e soprattutto tutto quello che c'è di superfluo al mondo, non si riesce a trovare qualcosa che abbia un vago barlume di qualità. Venendo in Africa sull'aereo, si sono trovati a parlare per ore sulla mancata sofisticazione del cibo che avrebbero trovato, sulla freschezza delle cose, e la loro naturalezza, ed invece tutto ciò che viene venduto è stato sottoposto ad estenuanti viaggi in nave, in camion, e a chissà quali soste in centri di smistamento sperduti nel territorio. Oppure per il cibo locale, è il risultato di colture in luoghi malsani, o irrigati con acque di pessima qualità. Gli orti che circondano la capitale della Nigeria sono ricavati all'interno di aree dove vengono puntualmente smaltiti i rifiuti, e spesso, molto spesso anche bruciati. La moglie era paradossalmente passata dal rifiuto totale dei venditori di strada convinta che i mercati fossero una garanzia di freschezza e genuinità, alla fiducia totale in queste donne che mentre sei fermo al semaforo ti circondano l'auto e ti vendono di tutto dalle specchiere ornamentali di vari metri quadri, alle banane appena colte. Per poi rinnegare anche questa soluzione e gettarsi nei supermercati, fin quando non si era accorta che molto spesso non essendoci un tampone alle continue cadute di tensione elettrica, i banchi del freddo in particolar modo quelli dei surgelati, avevano delle oscillazioni freddo-caldo-freddo-caldo, che guastavano irrimediabilmente ogni cibo. Oggi è molto fiera di essere diventata estremamente selettiva acquistando in certi mercati alcuni prodotti, in strada altri e nei supermercati altri ancora. Ogni cosa ha il suo fornitore, ama compiaciuta ripetere a sé stessa. Un rum invecchiato di dieci anni, pensa dunque Lui ed ugualmente imbevibile, dopo essere stato esposto a chissà quali traversie. Ma questo c'è, se vuole avere in bocca un vago ricordo di un liquore. Oggi ha deciso di investigare uno dei punti più controversi nelle sue discussioni con Ted. Vuole fare una visita ad un museo, per avere una foto della storia della nazione. Secondo Ted non esistono musei in città, ricordava di un bellissimo museo delle origini in Lagos, ma niente nella finta capitale. Un ora di ricerche su internet, non ha portato a nulla, ed è abbastanza demotivato, di parlarne con Regina neanche a pensare, è di là nella lavanderia che canta e stira, come tutti i giorni dopo mangiato. Ma ad un tratto gli viene un'idea, invece di andare dritto al punto prova a cercare su Google: cultura e arte. Ed ecco che cominciano ad affiorare delle informazioni. Pare esista un'art & craft exibition, in una zona periferica della città. Si veste veloce con un paio di pantaloni, invece di rimanere in quella comoda veste, una specie di boubou che da qualche mese ha preso ad indossare nelle sue permanenze in casa, e raggiunge Ted che sta in auto concentratissimo a vedere sullo smartphone la sua soap preferita. Trionfante lo guarda negli occhi e gli dice, vai in Garki, ho trovato il museo. Ted accende l'auto con la pressione sul bottone d'avvio, e ridendo si incammina. Il luogo è decisamente lontano, si attraversano quartieri cittadini di ogni levatura, le case da sogno dei dignitari governativi lasciano bruscamente il posto alle baracche, per poi affiancarsi ad edifici in costruzione anche di dieci piani ma poi abbandonati, scheletri barcollanti di un'idea troncata dall'assenza di fondi governativi. Le strade sono ora bellissime a varie corsie, ora si riducono a dei sentieri sterrati. Viaggiano senza navigatore, Ted sembra conoscere ogni dove. Dopo aver superato svariati posti di guardia gestiti da militari ogni volta di arma diversa, alla fine arrivano dove si aspettano di trovare il museo. Ted al secondo passaggio in auto nella zona propone di chiedere ad un passante, poi ad un altro e quindi ad un altro ancora. Alla fine una serie di persone che siedono a parlare all'ombra di una grande papaia, interpellate su suggerimento di una giovane donna, li mettono sulla strada giusta. Pare che il museo sia stato spostato in un'altra area, alcuni anni fa. Il girovagare per la città alla ricerca del fantomatico museo, aumenta sempre di più l'ilarità di Ted e lo sconcerto inconsolabile di master. Alla fine dopo ore di false piste e di indicazioni discutibili, giungono alla base di uno strano edificio a pianta quadrangolare, che assomiglia molto ad una caserma in stato di abbandono, con pezzi di intonaco che cadono, immondizia in ogni dove, e a completare il quadro una grossa perdita d'acqua dal tetto che cade fragorosamente al centro del patio dove c'è l'ingresso principale. Salgono le scale seguendo un cartello arrugginito che indica il museo della storia della Nigeria. Al primo piano una serie di saloni illuminati da grandi finestroni su entrambi i lati che illuminano delle teche che una volta dovevano contenere molti più pezzi di quelli esposti, oggi prevalentemente polvere e per lo più oggetti molto simili a quelli che si trovano nei mercati di strada. Sono gli unici visitatori. La commessa all'ingresso, una donna di dimensioni decisamente fuori dal comune, li informa che bisogna pagare il biglietto e che non è possibile fare fotografie, con un cenno del capo mostra di voler vedere cosa contiene lo zaino sulle spalle di master. Al suo interno c'è la sua inseparabile Nikon, con una preziosa serie di obiettivi per ogni tipo di scatto. Lo zaino non può oltrepassare l'ingresso, con malcelata preoccupazione, lo deve abbandonare in un cassetto della grande scrivania dell'inflessibile guardiana. Paradossalmente non viene mostrato alcun interesse né per lo smartphone che ha in tasca e né per quello brandeggiato da Ted che insistentemente lo fissa, per non perdere alcun passaggio fondamentale della sua soap. Grazie a questa sofisticata procedura di sicurezza può dedicare il tempo necessario a fotografare i reperti di suo interesse, per poi poterli confrontare con quanto ha imparato sulle antiche civiltà nigeriane. Alcuni di questi oggetti gli ricordano le statue che giganteggiano nella hall dello Hilton, nella cui piscina passa in suoi noiosi weekend con i colleghi della moglie e le loro famiglie per lo più impegnati a sorseggiare spremute varie, frequentare i campi da tennis all'aperto e le minuscole palestre ristrette in angusti spazi vitali. Alla fine della visita chiede di essere introdotto al direttore del museo con cui si intrattiene per una buona ora scoprendo di essere difronte ad una persona di raffinati studi, e molteplici interessi molto frustrata per l'incapacità statale di promuovere la cultura in una terra ricca di importanti resti archeologici, e artistici, dove ogni investimento pubblico disponibile viene convertito in aerei ed elicotteri da combattimento. Tutto ciò che non è convertibile in denaro, non viene considerato, ma soprattutto tutto ciò che ha valore viene venduto, non viene tenuto a testimonianza per le scuole, per la popolazione. Gli fa notare in particolare la foto di una testa della cultura Nok di dimensioni imponenti, che difronte al ministero della cultura viene usata come spegni-sigarette. Si scambiano le email, e si ripropongono di rivedersi. Lui si allontana molto compiaciuto, passeranno solo due giorni che il direttore del museo lo riconvocherà per un incontro importante, per consegnargli un libro sulla storia e l'archeologia della Nigeria, e Lui a sua volta per ringraziarlo della sua attenzione sottoporrà al suo parere delle ceramiche probabilmente antiche in cui nel frattempo ha avuto la fortuna di imbattersi.

Da quell'incontro nascono una serie di successive visite ad altri quartieri della città che ospitano mostre d'arte, di antiquariato, di oggettistica tradizionale e mercati specifici di oggetti culturali. Ormai ha la sensazione di cominciare a capire come muoversi in quegli ambienti, ma tutto ciò è in totale conflitto con le regole dell'Azienda e soprattutto con la capacità di comprensione di chi gli sta attorno. Ted che all'inizio lo canzonava per lo più con lo sguardo, ormai lo segue con rispetto, ma assolutamente con disinteresse in zone della città che neppure pensava potessero esistere, ma che continuano a non stimolarlo. Regina ogni volta che lo vede tornare si fa raccontare come una bambina la fiaba del giorno, prima di mettersi ad eseguire con meticolosa usata modalità i mestieri di casa. La moglie è convinta che finchè non si va a cacciare tra i monti, non può fare grossi danni girovagando per musei e raccolte d'arte, seppure in zone vietate, tanto è sempre con Ted, si ripete quotidianamente. L'incontro con un altro intraprendente fenicio, gli permette di entrare in una zona riservata della città, una specie di altura che ricade sotto la responsabilità della sua attività commerciale, forse l'unica altura privata, in un'area dove tutte le colline sono vietatissime zone militari, come accadeva prima dell'invenzione degli aerei, quando la fanteria presidiava i punti migliori per dominare le vallate. Quest'altura si rivela nel giro di qualche visita come ricca di vita passata e presente. Si cammina letteralmente su di un letto di cocci, che secondo il fenicio sono i resti di un villaggio preesistente sul suo apice, villaggio che lui dice aver fatto sgomberare all'acquisto dell'altura. Ma successive analisi visuali fatte in cooperazione con il direttore del museo evidenziano che la manifattura dei cocci è in antitesi con gli oggetti moderni, è probabilmente risalente a centinaia d'anni prima della vendita citata. Su quell'altura poi convivono animali di ogni tipo come scimmie, uccelli rossi intensamente colorati, una specie di piccola antilope selvatica e contadini che praticano una coltivazione di erbe e frutti tradizionali, con strumenti antichissimi e che allevano nella stessa area dromedari e capre. L'altura è nota anche per una piscina naturale al suo culmine, sempre ripiena di un'acqua gelida e profonda. Il luogo è minuscolo, forse qualche ettaro ma pulsante di vita. Diventa dal momento della sua scoperta il suo rifugio personale, e vi si reca non appena gli sia possibile, anche solo per sedersi sulla cima, in compagnia delle scimmie per aspettare il vento fresco della sera, che ad ogni tramonto nasce dall'orizzonte e ulula tra le fronde dei grandi cedri per una mezzora, rendendo quel luogo unico ed isolato, al ritorno poi i racconti di Africa nell'ufficio del fenicio lo mettono in pace con il mondo e con l'Africa stessa.

Dalla cima isolata si ha l'opportunità di far spaziare lo sguardo sui punti di riferimento importanti della città, il centro congressi sempre vuoto, lo stadio avveniristico, Zuma rock, la grande moschea, e poi che si perdono in lontananza migliaia di costruzioni, come villette a schiera fatte in serie. Dall'alto sembrano dei giocattoli e come distese di fiori punteggiano in grandi aree la parte di orizzonte più verde e inurbanizzata. Ted gli ha detto che in realtà sono tutt'altro che casette, sono delle mega ville che nessun abitante della zona si può permettere, hanno costi di milioni di dollari, con tutti i servizi che un nigeriano altolocato si aspetta di avere, il giardino privato, la piscina per alcune financo la moschea privata. Sono il prodotto della malata gestione finanziaria della nazione, in cui non potendosi esportare i capitali all'estero per decreto, essi vengono reinvestiti in loco nell'unico possibile sfogo ad alta fluidità che c'è, ovvero la speculazione immobiliare. Per cui davanti agli occhi ha un panorama di sconsolatamente vuote ville principesche che vengono costruite per investire il denaro in eccesso prodotto dalla politica nigeriana.

IL VULCANO

Le giornate scorrono pigre tra la spesa quotidiana con Regina al mercatino, una sua grande vittoria personale, alla ricerca della papaia più speciale, del pomodoro più maturo, della moringa più selvaggia con cui fare decotti e tisane salutari. La corsetta sempre più lunga, sempre più lontano per scoprire angoli più particolari di questa immensa metropoli che ufficialmente è popolata da solo 1.500.000 persone, ma che probabilmente ne conta almeno il triplo considerando gli hamlet, refrattari ai censimenti, le bidonville, le persone che dormono per strada e quelle che neppure si sa dove siano, ma che vedi camminare con quell'andatura ciondolante caratteristica di chi sta aspettando il momento di pregare, cercando di inventarsi una soluzione per mangiare almeno quell'unica volta al giorno necessaria per sopravvivere. Regina ormai gestisce la casa come ne fosse la assoluta sovrana da tempo immemore, facendo sempre più spesso notare la sua ingombrante assenza in cucina, elencando quanto master e la sua signora si perdano delle sue decantate da tutti qualità culinarie, e Ted si è ormai arreso alla fatalità che più volte incombe sulla sua testa di dover portare master in giro in luoghi palesemente proibiti e forse anche interessanti se non fosse che interrompono puntualmente i suoi meritati momenti di siesta quotidiana e le sua telenovelas preferite. Oggi la massima soddisfazione Lui l'ha raggiunta per la prima volta superando di corsa un altro jogger sul marciapiede di una zona sconosciuta delle tante in cui si perde quotidianamente. Fare jogging in Africa è molto snob, è stato importato dagli inglesi, e tutti gli sfaccendati bianchi ci si cimentano con meticolosa costanza, tra una partita a golf ed un drink a bordo piscina, per rompere la monotonia di non saper che fare il weekend, dopo aver cercato inutilmente di sfogarsi nei pochi metri quadri delle condizionatissime e prestigiose palestre, o nei campi da tennis. Ma fare jogging in questa parte d'Africa è decisamente una sfida fisica. 35°/40° di media e con l'eccezione della stagione secca che dura un paio di mesi, con un'umidità del 70%, dopo pochi passi non c'è più nulla di asciutto sul corpo e quella piacevole sensazione di raffreddamento dovuta all'evaporazione è stroncata quasi immediatamente dal Sole implacabile, e mai come in questi momenti la fisica della trasmissione del calore per irraggiamento diviene più lampante di quando assimilata sui banchi di scuola delle medie. Come conseguenza di questi effetti esterni, la temperatura del corpo balza immediatamente a valori da grave malattia e le pulsazioni del cuore aumentano rimbombando nelle orecchie per tutta la corsa. Unico effetto benefico i muscoli come sottoposti ad una costante oliatura si muovono in automatico e trasmettono una sensazione di assoluta leggerezza ed il passo diviene naturalmente falcato. L'assurdità di questo sport fatto di giorno, si legge palesemente nelle facce dei passanti che si incrociano. Sono facce tra il divertito ed il perplesso. Per te bianco che corri vestito in quegli abiti ridicoli della moda running, mostrando a te stesso prima di tutto quanto sei fico, tutto ciò sembra una sfida alle condizioni climatiche del luogo, a loro ai passanti, solo una gigantesca cretinata, che però sta contagiando anche i ceti sociali locali più elevati, che hanno preso a praticare questa attività, più per mettersi in mostra tra i loro simili ed aggiungere un ennesima dimostrazione di status sociale che non per una reale passione. Lui li ha spesso osservati, sfrecciano incuranti del calore, quasi non sudano ed hanno tutti, anche quelli che palesemente sono meno dotati fisicamente, un'agilità intrinseca che li fa muovere con scioltezza, specialmente sulle impegnative salite della città. All'inizio la salita era una sfida impossibile, poi pian piano la costanza della corsa quotidiana ha avuto ragione della sua debolezza ed oggi è finalmente riuscito a superare un runner locale. In verità era una runner, e decisamente fuori forma, ma si sa si vive di piccole quotidiane vittorie, e lui la legge come una prova di un ulteriore passo verso l'integrazione fisica e mentale.

Al ritorno a casa mentre prepara la pasta per la moglie che oggi tornerà un po' più tardi, ripensa agli eventi della notte, Lei oggi è andata ad un campo un po' più lontano con il cinema della scorta con le sirene spiegate e le luci lampeggianti, una specie di recita ridicola che per l'Azienda è sintomo di sicurezza, per Lui unicamente un segnalare il bersaglio con maggiore accuratezza a chi avesse cattive intenzioni, frutto di una concezione anacronisticamente militare della sicurezza. Durante la notte un gigantesco boato lì ha fatti sobbalzare sul letto. Lui ha urlato il terremoto e lei attentato! Per un attimo si sono guardati negli occhi, in silenzio, anche tutto attorno era muto, non un rumore nulla di nulla. Lui in attesa della seconda scossa, lei di ascoltare il suono delle sirene degli allarmi. Ma nulla accadeva, dopo un certo tempo, una serie di rantolii neppure troppo lontani davano la sensazione di un temporale che si perdeva lontano. Il giornale locale più popolare quasi non menziona l'accaduto, e la discussione tra Lei, che nel frattempo si è annunciata al cancello del compound con il suo codazzo di sirene ed è giunta a tavola con tanta voglia di parlarne, e Lui coinvolge Regina che ormai, è ospite fissa delle discussioni del pranzo, con in suo andirivieni tra la cucina e la sala da pranzo, a portare quanto preparato o i vini o le spremute di frutta fresca, o il caffè. Per lui è stato palesemente un terremoto, e cita come prova varie letture giovanili, Lei molto più preparata geologicamente, e soprattutto di nascita ed esperienza partenopea, dall'alto del suo sapere esclude categoricamente ogni ipotesi in tal senso per insistere su di un evento artificiale, tipo un esplosione o un attentato; Regina sostiene che il passaparola locale, molto usato per la trasmissione velocissima delle informazioni e che ha radici nella dominazione inglese quando ogni media era sotto controllo, sostiene essere un vulcano che si è palesato al centro della città. L'ipotesi di Regina non viene molto considerata, ma alla fine della discussione, in effetti mancano le prove per ciascuna delle 3 ipotesi. La cosa svanisce dai discorsi del compound in pochi giorni e viene relegata tra le curiosità dell'Africa misteriosa. Dopo alcune settimane si ripresenta un altro simile evento sonoro, di dimensione inferiore ma sempre di notte. L'incendio delle parole divampa, i giornali ne parlano con le ipotesi più incredibili e testimonianze certe di fratture al centro della città e fuoriuscita di lava e fumi, forse venefici. Sembra la sceneggiatura di un film del tipo "eruzione a New York". Entrambi sono un po' sconcertati ma alla fine, nonostante i giornali, le foto e le testimonianze, fanno prevalere l'idea che si tratti di esercitazioni militari segrete. In quei giorni il governo sta insistendo e molto sulla necessità di prendere seri provvedimenti alla dilagante presenza di Boko Haram, acquisendo sistemi antiguerriglia di maggiore efficacia. Come dargli torto? Tra sei mesi ci saranno le elezioni e la soluzione ideale è quella di accrescere la paura di eventi ingestibili per far compattare l'elettorato su di un governo esistente piuttosto che su candidati incerti che non hanno alcuna tradizione di gestione delle forze militari di contenimento. Ne discutono spesso tra di loro e con una nuova amica, Felicita, una cooperante internazionale che sta riempiendo di entusiasmo e nuove idee i momenti di confronto della loro ristrettissima cerchia di amicizie africane. La linea è abbastanza comune sul fatto di quanto sia facile aver presa sulle menti semplici agitando lo spettro della paura, gli esempi storici ed attuali si sprecano, ma le divergenze sono proprio su quanto peso questa posizione possa avere. Secondo Felicita il popolo non è bue ma condizionabile per un ristretto lasso di tempo, e quanto fatto fin ora da un governo assolutista e militare dovrebbe far aprire palesemente gli occhi agli elettori facendolo riflettere sul fatto che non è incrementando la paura di rappresaglie terroristiche ad libitum che si possa in qualche maniera determinare il risultato di un'elezione. Lei insiste invece che una posizione del genere possa essere solo strumentalizzata dal nuovo che avanza, che potrebbe posizionarsi come la soluzione nuova a problemi vecchi vantando appoggi extranazionali. In sostanza permettere un'escalation di paura potrebbe solo fare danni ad un governo che non si è dimostrato capace di gestire il problema così com'è, figuriamoci se il problema dovesse aumentare. Lui invece è fortemente convinto che le masse si stringeranno attorno all'attuale governo, seguendo il noto adagio che paura più grande scaccia paura più piccola, per cui diventerà prioritario un non problema, a scapito di problemi ben più radicati e globali per la regione come la fame le malattie. La discussione si anima in maniera eccessiva, in particolare le due donne non vogliono cedere di un passo dalle loro supposizioni, la notte di parole si prospetta lunga allorquando una decisa scampanellata in un'ora inusuale fa sobbalzare tutti dalle poltrone. Regina corre all'uscio, ed entra senza fare molte cerimonie John, forte del fatto che avendo fatto depositare all'ingresso un lasciapassare permanente come persona gradita ora può arrivare all'uscio senza notifica dal cancello di ingresso. Ha la faccia delle comunicazioni importanti, è sudato, cosa insolita per lui, quasi non degna di un saluto le donne, cosa invece abbastanza usuale e rivolgendoglisi direttamente, comunica con enfasi che il ministero per la sicurezza li ha convocati per l'indomani per un colloquio. Il racconto di John fa cadere immediatamente la discussione precedente e magnetizza l'attenzione di tutti sulle sue parole e la comunicazione ufficiale. Il comitato di sicurezza nazionale dopo aver sentito alcune delle proposte presentate da John, in realtà non uno specifico documento giusto una bozza condivisa più per intrigo intellettuale che altro, e riferite al contrario come idee del gruppo di studio dell'azienda di consulenza di John, vuole avere un approfondimento ulteriore su quanto proposto in merito al supposto vulcano di Abuja. Lui cade letteralmente dalle nuvole e realizza dall'insistenza di John di avere un documento da presentare per l'indomani. Dopo pochi minuti, Felicita saluta tutti, il suo Uber la aspetta al cancello, e Lei sale barcollando le scale pregustando una lunga nottata senza le fastidiose russate di Lui impegnato con John ad elaborare chissà quale documento di salute nazionale. È molto combattuto tra il mandare John a casa e l'impegnarsi a fondo su un problema che lo ha parecchio stimolato fin dai suoi esordi, al punto di aver scritto quella nota cercando di analizzare le cause generatrici di un rumore del livello di quello sentito la notte di qualche settimana prima. Per lui era giusto un esercizio intellettuale, che fare ora che è stato pomposamente presentato come uno studio scientifico? La notte passa nel tentativo di costruire un power point su quelle scarne note tecniche e la discussione con John sul taglio dare alla presentazione. Mentre nasce inspettata la mattina, Lei scende le scale meravigliata che i due compari siano seduti al tavolo della colazione come se nulla fosse accaduto, sono scherzosi e soddisfatti, tra poche ore avranno un incontro importante, lei quasi ne è orgogliosa ma nel frattempo teme che Lui si stia infilando in un'altra delle sue improbabili avventure. Quando poi al meravigliato Ted di vedere la mattina presto John in casa, viene chiesto di andare al ministero della sicurezza nazionale, lui quasi non ci crede e si fa ripetere il punto di arrivo almeno un paio di volte.

Il ministero è una costruzione a tre piani, di stile anni sessanta si direbbe in Italia, tutta vetri e acciaio, e forse non è errato pensarlo, sarà stato trasferito qua qualche vecchio progetto italiano ed attualizzato sulle necessità locali. All'esterno due indolenti militari, non permettono l'accesso, nonostante John cerchi palesemente di vantare amicizie all'interno, gli uomini sono inflessibili, manca il solito permesso di accesso sul loro sdrucito quaderno per cui non si passa. Una serie di telefonate concitate gli fa capire che il problema sembra essere più grave del previsto. Alla fine, dopo una buona ora di discussioni, una donna si avvicina al cancello, è vestita di un multicoloratissimo boubou che ne sottolinea l'importanza, con due parole sibilate risolve ogni intoppo. È la segretaria del ministro, a lei tutti rispondono in maniera diretta. Salendo le scale si spertica di scuse poiché a causa di uno sciopero improvviso, una sua dipendente che aveva l'incarico di depositare il passi all'ingresso non si è presentata in ufficio da cui è nato il qui pro quo, le scuse in Africa sono sempre perfette, in questo caso particolare anche poco elaborate. La sensazione che Lui ha di questo ambiente popolato di donne, è che siano le uniche persone efficienti ed al lavoro in tutto il palazzo, ma sbaglia, alla fine dopo una serie di cambi di stanza e di attese su sedie sgangherate, in corridoi che sembrano in manutenzione permanente, vengono introdotti nella sala delle conferenze dove è ad attenderli una platea di una trentina di persone, tutti uomini, e vestiti inusualmente all'occidentale con giacca e cravatta, che sembrano essere stati convocati per un importante evento. L'evento sono loro due ed appare immediatamente palese che non hanno con sé alcuno strumento per fare una adeguata presentazione ad un pubblico così vasto. John viene redarguito bonariamente dalla segretaria del ministro, ricordandogli che a queste convocazioni ci si presenta sempre con il proprio proiettore ed un telo da proiezione. Sembra un dettaglio insignificante ma verrà ancora ricordato dal ministro che incede da buon ultimo e dopo una serie di sollecitazioni telefoniche della segretaria. Un ministro nigeriano non è molto dissimile da un ministro in ogni punto della terra, ma ciò che lo fa differente è l'enfasi. Essere ministro in Nigeria è un privilegio assoluto, e tale privilegio si accompagna ad un certo modo di parlare, di vestirsi, di guardare, ma soprattutto di spiegare come si debbano fare le cose. Quindi questo incontro che nella testa di Lui doveva essere una presentazione delle proprie idee ad un pubblico critico diventa una giustificazione della propria presenza al cospetto di una tale autorità, giustificazione che deve passare da una presentazione di se stessi, della solidità della propria organizzazione, e della propria cultura e su una parentesi abbastanza ampia sulla popolazione delle proprie conoscenze all'interno dei ministeri, presentazione fatta con estremo zelo dal preparatissimo John che doveva averne fatte di anticamere in questo edificio. John mentre salivano le scale non aveva perso tempo ad avvisarlo di rivolgersi a lui con il suo vero nome locale Mujiba. Sì perché già da tempo aveva notato questa situazione che tutte le persone che aveva incontrato avevano almeno due nomi, uno indigeno che veniva usato solo nelle relazioni locali ed uno che invece tendeva a riflettere la loro personalità nella relazione con un bianco. John in particolare doveva trasmettere ai bianchi di essere un uomo di cultura aperta, scientifica ed americana, per cui si era scelto il nome internazionale di John, Ted voleva dare come informazione il fatto che fosse un cristiano, ma di cultura e di moda, per cui si era fatto chiamare Taddeus, un nome cristiano, ma abbreviato in Ted. Jesus, il suo amico fenicio, si faceva chiamare J.K. per aumentare al massimo l'ambiguità passando da schierato cristiano con i cristiani, a probabile musulmano con gli arabi, giusto per non dispiacere nessuno come è nella natura di ogni grande mercante. Il nome indigeno viene usato per dare un messaggio ancora più forte, ma ovviamente intellegibile solo a chi lo sa decriptare, perché il nome locale è un marchio di etnia e ancora di più di villaggio Quindi in una nazione così polipopolata, le differenze balzano subito agli occhi di chi le sa notare indicando all'interlocutore chi sono, cosa voglio e da dove vengo in maniera inoppugnabile.

Tornando alla riunione alla fine sono rimasti solo pochi minuti per parlare delle ipotesi tecniche, che in quanto ipotesi richiedono almeno dei dati per essere validate. Il ministro vedendo che la sua presenza è divenuta inutile, non potendo più assolvere al suo compito sia di spiegare che di capire con chi abbia a che fare, ed essendo ormai la discussione ristretta ad ipotesi non politiche, si alza e con molta enfasi saluta prima Mujiba, poi Lui e si allontana raccomandando di far un buon lavoro di cooperazione. La dipartita del ministro cambia immediatamente il clima, cominciano le domande a pioggia e l'interazione è in linea con quanto atteso. In particolare su alcune ipotesi si lavora con molta precisione, le domande diventano così dirette e puntuali che per replicare non resta che chiedere dei dati oggettivi. Alla fine tra gli sguardi indecisi degli astanti, la segretaria del ministro, che ha preso molto diligentemente appunti di ogni intervento e di ogni risposta, risolve la questione concedendo di accompagnare gli invitati sul luogo dell'eruzione. La zona è assolutamente e totalmente vietata ai bianchi, è classificata come area ad alto rischio rapimento da delle mappe misteriosamente assemblate da qualche esperto ex militare della sicurezza dell'Azienda, Lui sa bene dove stanno andando e sa anche molto bene che là i cellulari non funzionano. Si gira verso John, che in uno sguardo gli fa capire due cose, la prima è che se il ministro dice di andare si va e non ci si fa travolgere da nessun dubbio, secondo di smettere di avere queste inutili paure da bianco e di cominciare ad integrarsi veramente nella realtà locale. Lo sguardo per la verità era perentorio del tipo: beh che c'è di strano? Il resto poi è frutto delle sue elucubrazioni. Un'auto sgangheratissima li aspetta al di là delle arcigne guardie dell'ingresso, e mentre si chiede per quanti posti sia omologata, velocemente si ritrovano in sei compressi uno sull'altro, mentre Ted guarda decisamente preoccupato senza sapere che fare, l'auto che si allontana. Come previsto dopo una mezzora di auto in zone a lui sconosciute, ma ben note a John che le indica tra il compiacimento generale con il loro nome originario di prima della costruzione della città, l'auto non riesce neppure a raggiungere metà della salita che porta all'altopiano. Si scende, e subito i funzionari si precipitano ad indossare un giubbotto giallo di poliestere con ben evidenziato il nome del ministero per la sicurezza nazionale. Uno di questi giubbotti viene anche assegnato a John, mentre per Lui si ritiene non dover creare confusione essendo già di per sé bianco, non potrebbe assolutamente appartenere al ministero. Subito un nugolo di motorette di piccola cilindrata li circonda e tranne l'autista vengono tutti caricati sulla parte posteriore della sella per il tratto finale del percorso. Ci vuole un'altra mezzora di salita fino all'altopiano, di gimcana tra le viuzze erose delle due bidonville che attraversano a tutta velocità, di attraversamento di un paio di guadi in cui non sa come si possa tenere la guida di una moto su di un fondo di fango e ghiaia, ma alla fine eccoli al centro di una radura, sotto un Sole di fuoco, nel nulla e fortunatamente per lui, senza giubbotto in poliestere. È il primo ad arrivare, in questa folle corsa che si è scatenata tra i portatori, che pare sappiano molto bene dove si devono dirigere, ed è il primo ad affrontare una furibonda mama locale, che in auto gli ha quasi tagliato la strada ed abbassando il finestrino vuole sapere se il vulcano rappresenti un pericolo reale, e rivolgendosi agli altri nel frattempo sopraggiunti, cosa il ministero intenda fare per la salvaguardia della popolazione che in loco ha coltivazioni e soprattutto proprietà. È spiazzato, tutto si aspettava tranne che di essere messo in mezzo ad un problema chiaramente politico, fortunatamente i funzionari ministeriali hanno a che fare con situazioni del genere ogni giorno, e risolvono in breve a fior di promesse una situazione che poteva facilmente degenerare. La visita del luogo dura una buona ora, con prelievo di campioni e intervista ai testimoni, che nel frattempo sono apparsi dal nulla tra la giungla dei banani per raccontare ognuno la propria versione dei fatti. In sostanza si tratta di un grosso buco nero nel terreno rossastro. Secondo la maggior parte dei testimoni c'è stato un grande botto e poi si sono sprigionate fiamme per varie ore. Il buco ad un'analisi più accurata risulta essere nero a causa della forte temperatura e delle fiamme sviluppate, in molti punti la terra appare vetrificata. Con la sua misera esperienza di esplosioni, solo questo può rilevare, e non sa veramente che dire mentre si rivolge agli sguardi speranzosi dei locali e dei suoi accompagnatori. La causa delle fiamme sembra essere celata nel sottosuolo. Alcuni indigeni, arrivati per ultimi dopo aver risalito la riva del fiume che scorre lì a pochi passi, gli mostrano a pochi metri di distanza altri segni molto meno evidenti di bruciature. La perizia sul luogo è complicata dalla presenza di un palo di cemento spezzato in più punti con dei grossi ferri che sporgono. Alla fine la versione più credibile sembra essere quella del palo della luce che è caduto per obsolescenza, e un incendio causato dai fili elettrici sulle sterpaglie del terreno. Forse un botto dovuto all'incrocio dei fili elettrici c'è stato ma nulla rispetto al fragore sentito la prima notte e ai fenomeni apparsi nei giorni successivi. Risalgono sulle moto per tornare alla base dell'altopiano, riattraversando a spron battuto le bidonville, al solito ricolme di immondizia che invadono in molti punti la sede stradale, e dove giocano cani e bambini in una sequenza ininterrotta. Sani e salvi si trova a pensare con una certa serenità da scampato pericolo, una volta tornati all'auto. Ma ora per completare il sopralluogo, chiede di essere portato alle fratture da cui sono usciti i fumi venefici raccontati dai giornali. I suoi accompagnatori si guardano interdetti, pensavano che loro due ne avessero abbastanza di quest'escursione sotto un Sole impietoso, ma John è complicemente irremovibile, la raccolta dati prima di tutto. Si risale quindi sul cartoccio di auto dirigendosi verso il centro città, su un'altura da cui si domina gran parte del bellissimo giardino botanico che sorge proprio nella parte della città con il golf club e i più prestigiosi circoli privati. Giunti in una strada anonima, l'auto viene parcheggiata sotto un banano nei pressi della zona interessata. In pochi passi si avvicinano ad un crocicchio di persone sedute attorno ad una pentola ricolma d'olio bollente in cui friggono i mitici egg-roll. Lui che li ha sempre guardati con malcelato disprezzo, è convinto che ci si avvicini per chiedere informazioni, al contrario gli astanti fanno posto ai nuovi arrivati e li invitano a gustare le prelibatezze offerte da questo improvvisato posto di ristoro che alla fine consiste di un fuoco di legna su cui è posta la padella citata in equilibrio precario. La presenza di un bianco è decisamente stonata, e tutti sono apertamente imbarazzati fin quando più per dovere che per convinzione gli offrono uno di quegli intriganti ed oleosi stuzzichini. Ormai da tempo non teme più la piaga del rapimento, e ha già fatto molti progressi nei confronti del cibo locale, avendo avuto modo di gustare i localmente prelibati saltimbocca chiamati suya, o il pesce gatto secco arrostito, ma l'egg-roll è il vero salto verso l'integrazione profonda, quella culinaria di base. Non volendo mostrare incertezze, accetta con calore, e chiede il bis. Come ha già notato altre volte, è come un muro che crolla di schianto, l'atteggiamento dei commensali diventa più aperto e la profonda diffidenza nei confronti dell'uomo bianco cade per trasformarsi in una diretta spontanea convivialità. La sosta si prolunga decisamente più del previsto, per cui cercano di impiegare il tempo ottenendo da quella allegra banda le informazioni circa il terremoto. Nessuno sostiene di aver mai sentito né visto alcuno dei fenomeni che venivano citati dai giornali. Loro stessi dopo averne letto avevano cercato i punti precisi indicati, ma non c'era assolutamente nulla, come hanno modo di verificare tutti spostandosi di qualche metro per andare a controllare la corrispondenza tra le foto dei giornali e il luogo in cui si trovano. Vengono suonati alcuni campanelli, e dalle cancellate spuntano guardie armate e sonnolente che vegliano giorno e notte, ma che non hanno sentito alcun rumore. Lui è molto perplesso, John non fa trasparire nulla dei suoi pensieri. Dopo un'altra ora persa a girovagare inutilmente ad intervistare altre persone, che al contrario degli indigeni dell altopiano si mostrano riluttanti e sospettosi, se non spesso infastiditi da questa ingerenza statale e dalla presenza del bianco, si decide di tornare al ministero. Ted nel frattempo allarmato dalla prolungata assenza ha già chiamato la sicurezza aziendale, stasera sa già che ci sarà casino. Sale in auto e partono di gran carriera verso il compound con Ted che in lingua locale sta parlando con un collega della sicurezza, e cerca di tranquillizzarlo sugli ultimi eventi, ma alla fine dell'interminabile telefonata gli passa la linea, e deve sorbirsi un cicchetto da un oscuro manager dell'Azienda che gli ricorda che ci sono dei limiti che non vanno mai travalicati, limiti che nell'interesse di tutti non possono essere messi in chiaro, ma devono essere in ogni caso intuiti e rigorosamente applicati. Lascia fluire le parole come se fossero gocce di pioggia, sono parole innocue prese una per una, ma senza senso se aggregate in successione, è il tipico gergo aziendale, rincarato da una pregressa esperienza militare dove non conta il senso di ciò che si dice ma il tono con cui lo si dice. Prova a replicare ogni tanto giusto per il gusto di riprovare le esilaranti esperienze del CAR al distretto militare, dove le risposte ad ogni interiezione erano già pre-cotte, come in un manuale del perfetto comandante ogni risposta doveva finire con un "si fa così", che aumenta l'autorità presunta di chi lo dice, ma che non aggiunge nulla al senso del discorso, che non può essere compreso da un puro attuatore di ordini superiori. La fine della telefonata lo vede varcare la soglia di casa sotto gli occhi severi di Lei. Bastano però fortunatamente pochi istanti per ritrovare l'usata complicità tra i due, e chiudere con una serie di incuriosite domande sulle sensazioni provate e sull'esperienza fatta. In una telefonata successiva John chiarirà il suo atteggiamento nei confronti delle perplessità di Lui. Molto probabilmente la loro interpretazione urtava profondamente il gigantesco castello di fandonie messo in atto per mascherare un qualche losco evento governativo, per cui il ministero aveva voluto accertarsi fino in fondo del grado di pericolo rappresentato dal rapporto scritto da loro. Secondo John, nel giro di pochi giorni si sarebbe capito il risultato della loro visita. Da quel momento in poi non si seppe più nulla di vulcani, terremoti, esplosioni, e i rantolii notturni finirono come erano arrivati.

LA ROCCA

Un tuono squarcia il buio che è calato in pochi minuti dopo che il cielo si è coperto fino ad oscurare tutto come fosse notte. Corre a prendere una sedia, un sigaro, e i preziosi fiammiferi, che oggi non c'è neppure la corrente, per cui si torna alle origini. Seduto forse al sicuro sotto il canopy, come si chiama la veranda di tela, si accende il sigaro cubano, un prezioso regalo dei suoi figli per l'ennesimo anno che è passato, ed al decimo traballante cerino ecco che comincia il diluvio. Un muro d'acqua primordiale lascia penetrare lo sguardo solo per pochi metri, l'asfalto fino a poco fa rovente diventa letto di fiume, i tombini si trasformano in gorghi. L'acqua sulla strada in pochi secondi è arrivata a dieci centimetri di altezza.

Intuisce la forma, sa che c'è, è lì di fronte, beffarda, che incombe con tutta la sua potenza, la montagna. Aso Rock. Inavvicinabile. Le volate di fumo profumato lo avvolgono mosse dai capricci del vento del monsone, ma la mente è ancora una volta lì, alla montagna. Le ha provate proprio tutte le vie legali ed illegali, ma alla fine si è dovuto fermare di fronte ad un ak47 che in mano ad un ragazzetto dagli occhi che tradivano abusi di chissà quali sostanze, gli ha fatto capire che a nulla valgono i ragionamenti, le futili ambizioni di "oyimbo" come lo chiamano qua, vuol dire bianco, ma in una maniera molto razzista, 'ché forse pensi che il razzismo sia monodirezionale? Tu vai chiedi permessi, che puntualmente ti vengono negati, fai lunghe lettere, che puntualmente vengono rigettate, ci provi da ogni lato, ma la montagna è ben guardata, custodisce il tesoro più prezioso della nazione, la villa di un alto dignitario, che migliaia di guardie armate fino ai denti, rendono inespugnabile, impenetrabile, impossibile.

Il fumo continua i suoi vortici attorno alla testa, la luce sembra ritornare a tratti, le lampadine mandano bagliori, i generatori di corrente, cominciano a tossire, si stanno spegnendo, il frastuono che lo ha circondato, si va placando. Whats'up lampeggia, è Franco, amico di Gagner, un francese, che giura che sabato lo porterà ad Aso Rock. Franco sa bene il percorso che ha fatto, le lettere che ha inviato e le risposte che informano molto nettamente, che la via alla cima, alla roccia, a tutta l'area circostante è interdetta in maniera permanente ed assoluta a chicchessia. Ma Franco insiste che Gagner dice comunque di andare e poi si vede. Si gira lentamente e con un sorriso sornione la aggiorna, una pausa di interdetta riflessione, l'obiettivo è troppo ghiotto, ci sarà anche lei!

Questa volta è davvero felice.

L'appuntamento è alle 7.15, come solo gli alpinisti del CAI sanno dare, e a quanto pare anche i francesi. Ovviamente si parte alle 8.00 nonostante loro fossero lì al punto di ritrovo fin dalle 6.30. È come una barzelletta di quelle classiche un francese, uno spagnolo, un milanese, un torinese ed una napoletana si ritrovano in Africa... Sono tutti felici e pimpanti convinti di salire, lo dice Gagner. Mentre si avvicinano in auto, parlando in un misto di italiano-francese-inglese si scopre che il francese non sa nulla né di permessi, né di guardie armate, semplicemente lui è andato lì ed è salito la settimana prima. In auto si sparge sottile il tarlo del dubbio…

Il parcheggio è al solito posto vicino allo zoo il posto di blocco è a 2 minuti di strada, Gagner ed il suo amico Felipe, lo spagnolo che spesso lo accompagna nelle sue escursioni, camminano con disinvoltura e scherzano, il passo di Lui diventa sempre più pesante, è li che 6 mesi fa, un ragazzetto palesemente drogato con 40° africani, gli ha puntato un fucile alla schiena, ed ha messo la pallottola in canna, con quel rumore che si impara a militare, delle armi automatiche che per funzionare hanno bisogno del primo colpo messo manualmente, è lì che Ted, per la prima volta da quando lo conosce, gli ha detto: "Master, please come back immediately!" É lì che per la prima volta in vita sua ha capito quanto veramente valesse la sua vita.

Gagner ride e passa il gate, saltella sulle assi traballanti del fossato, e si gira e dice a Lei, vieni, è solido! In un balzo è al di là, non ci sono sentinelle, incontra dopo pochi passi un uomo che gli sorride e gli dice: "going to the top?"

È scioccato, sono mesi che cerca di varcare quella soglia, scontrandosi sistematicamente con dinieghi e rifiuti, e bastava venire ed entrare, e il bello è che tutti quelli che incontrano sanno perché sono lì. Le rotelle in testa ronzano rumorose, mentre segue la colonna della barzelletta che si incammina in sentieri improbabili, che si muovono a zig zag tra i campi di banani, come se Gagner non sapesse la strada, come se dopo i primi metri si fosse già perso. L'avvicinamento sarà molto lungo, si perderanno molte, moltissime volte, rendendo un percorso facile e breve una specie di marcia forzata nella giungla. Una giungla domestica di mais alto tre metri, di campi di yam e di carote, e di erbe profumatissime, odori di cui noi uomini civilizzati abbiamo perso il ricordo. Gli incontri sono sempre molto toccanti, le persone cordiali che parlano una lingua primordiale incomprensibile anche ai nigeriani, questi sono i famosi "farmers", che assieme ai nemicissimi "herdsmen" stanno insanguinando la Nigeria in una guerra tanto stupida quanto inevitabile per loro. Vivono ad un chilometro dal 2018 e sono all'età della pietra, con utensili di legno e metallo rozzamente lavorato, che si possono trovare oltre che tra le loro ruvide mani solo nei rari musei archeologici, risalenti ai loro progenitori di centinaia di anni prima di Cristo. Lavorano le piante una per una, chini sulla schiena, senza nessun sistema automatizzato, senza irrigazione controllata. Gagner si è perso perché in quindici giorni da un campo sterile passi ad un campo i mais pronto per il raccolto, qui se non piove si muore se piove, sei nel giardino dell'Eden. I villaggi con i bambini sorridenti stringono il cuore non per la felicità che ti circonda, ma per la miseria degli alloggi, per la precarietà della vita affrontata sempre e comunque con la convinzione che sia la migliore possibile e forse veramente lo è. Gagner alla fine si ferma di fronte ad un muro di granito che si perde dritto verso il cielo. Si appoggia e leggero come una delle tante scimmie che lo guardano dagli alberi lì attorno, si inerpica ed in breve non lo vedono più. Urla che sono arrivati più o meno a metà strada e che questo è il pezzo più impegnativo, ma poi è fatta. Felipe, Franco, loro due salgono con passo incerto, scivolano, sbagliano più volte l'attacco, la roccia è liscia non vuole offrire appigli a chi la vuole domare, fa caldo, l'umidità è al novanta percento. Arrivano stravolti centocinquanta metri più in alto, in cima ad un nulla di pietra liscio come una biglia, e si abbattono sulla roccia, convinti, secondo le parole del francese che il più sia ormai fatto. Ma non sarà così, si devono ancora muovere con molta creatività fortunatamente la memoria ed il piede di Gagner sono diventati saldi e sicuri ed in pochi passi sono nel punto giusto per affrontare la salita finale, ben più dura della prima, ma nonostante le ripetute lamentele, e le paure ancestrali che sempre affiorano quando vedi centinaia di metri di vuoto sotto di te, si trovano al masso pendente, un riferimento inconfondibile e dopo un ultimo strappo sono in cima!

È la stagione delle piogge, è piovuto fino al giorno prima e pioverà per il resto della settimana, ma il cielo è terso, c'è un piacevole vento fresco che rigenera, un panorama dominato dai colori verde intenso e blu cobalto, tutto attorno a loro si vedono i punti più importanti del paesaggio che hanno imparato a conoscere nei lunghi mesi di permanenza nella città, la Moschea centrale, la cattedrale principale una di fronte all'altra come fossero ad una gigantesca Brescello, l'Hotel Transcorp, le placche di granito del Magic Land, dove Lui pazientemente ha affinato le tecniche di salita su questa roccia liscia ma consistente come carta vetrata, dove ti devi fidare delle suole, perché sono l'unica cosa che ti può far salire. La tensione è massima, sali non sai perché, ma sali, senza far presa sulla roccia, solo grazie ai muscoli e al paziente dosaggio del bilanciamento millimetrico dei pesi sulla gomma speciale delle scarpe. Laggiù in fondo Zuma rock, un altro pilastro immenso ed irraggiungibile.

Il momento di estasi è finito, si torna, per una strada diversa, più breve ma più pericolosa, ci sono i militari, e sanno che non sarà una cosa facile. La discesa veloce ed i sorrisi delle donne che incontrano fanno presto dimenticare le preoccupazioni, ed eccoli in fondo al sentiero al posto di blocco. La situazione diventa subito molto tesa, il militare vestito di un improbabile uniforme composta da ciabatte infradito gialle, pantaloni cachi al ginocchio e maglietta sdrucita, urla, impreca, palesemente sa di avere di fronte un problema, in un sabato di Sole, un sabato tranquillo. Il problema può avere molte soluzioni e tutte non senza rischi anche per Lui. A ben considerare questi stupidi bianchi sono all'interno di una zona di sua competenza, e lui si è fatto fregare, non sapendo che fare come ogni buon militare intanto urla. Al centro di questo solido imbarazzo reciproco, da un meandro della sua paura Felipe estrae una frase magica, diretto, senza pensarci chiede un'informazione; nessuno sa come gli sia venuta quest'idea, che sembra stupida, ma in realtà mostra chiaramente quanto una teoria sia possibile, gli stupidi bianchi si sono persi e lui, la sentinella, esperta del luogo li può aiutare e quindi svolgere il suo compito. Istantaneamente la situazione si modifica, la sentinella prende a sperticarsi in spiegazioni, devono proseguire per 200m e poi girare a sinistra, lo dice, entra nei dettagli del panorama, si accerta che abbiano capito, ripete e ripete ancora. Non sono più degli intrusi in una zona di competenza, sono degli stupidi oyimbo smarriti, come solo gli oyimbo sanno fare. Tornano all'auto, sfilando in mezzo ad una mandria di mucche gestite dai crudeli e terribili herdsmen, che così a guardarli sembrano dei bambini sporchi con lo sguardo smarrito e solo in cerca di qualcosa da dar da mangiare alle loro magrissime mucche. In seguito la nostra amica veterinaria ci dirà che sono magre ma non malsane, una razza speciale in grado di resistere alla malaria, il morbo assassino che frustra ogni tentativo di introdurre allevamenti moderni in questa parte d'Africa.

Accende l'auto con un gesto automatico, mentre la sua testa è altrove, le prospettive in Nigeria sono sempre diverse, opposte a quello che è il suo usuale modo di pensare, sono sudati, assetati, accaldati, ma sono felici, le parole scorrono in libertà. Ma non riesce a condividere tutto questo, continua a pensare. Poi in un lampo tutto è chiarissimo, elementare, logico, per la logica nigeriana: è sabato, gli uffici pubblici il sabato sono chiusi, come le scuole, i musei, le gallerie d'arte, ogni cosa che in qualche modo possa essere ricondotta allo Stato. Il weekend è sacro per lo Stato. È dedicato come in tutte le culture primordiali alla preghiera.

Quindi ciò che è valido in settimana, non può esserlo il fine settimana, perché lo Stato si riposa dalle sue incombenze. Per cui il sabato, la sentinella agli ingressi è a riposo, non quella agli alloggi, c'è pur sempre Boko Haram, ma quella agli ingressi è in riposo. Quindi per salire ad Aso Rock, non servono le carte bollate, ma il riposo del guerriero.

Sono passate alcune settimane ma la gita nel territorio proibito è rimasta intensa nei ricordi ed ha saldato nuove amicizie internazionali, creando numerose occasioni di feste ed incontri serali o domenicali intorno alle piscine dei vari compound. Aumentano anche le occasioni di parlare di questa strana Africa da vari punti di vista. Ci sono cooperanti, alti funzionari internazionali, soldati italiani, burocrati dislocati all'estero, ed anche qualcuno che si è trasferito qui per reinventarsi una vita. Gli angoli di vista riflettono come sempre non solo le radici ma anche le convinzioni di chi si trova in questo immenso continente per cui tutti sono partiti con degli obiettivi molto chiari che poi col tempo sono sfumati e molto spesso completamente trasformati. Sono riunioni molto semplici, dove le persone grazie alle temperature ed alle situazioni si ritrovano ad essere tutte nude con un triangolino di stoffa a bordo piscina, e questa situazione rende gli occidentali tutti uguali. Lui si trova a riflettere che i denominatori comuni della loro presenza sono essenzialmente due, i soldi e la volontà di essere e fare. Della prima posizione è inutile spiegare il meccanismo, la seconda è forse quella che ha subito con l'esperienza l'urto più brutale. È molto difficile spiegare senza essere fraintesi cosa voglia dire trovarsi difronte ad un ostacolo che giganteggia tanto di più quanto più lo affronti, quanto più lo conosci. Un vecchio proverbio cinese può forse aiutare a definire la sensazione. È come lottare contro il mare. Per quanto ci si impegni, per quanto ci si spenda e per quanta energia venga investita, l'acqua vincerà sempre per quanto è più immensa e forte. Già da tempo Lui ha cominciato a dover convivere con questa constatazione dapprima strisciante ma poi sempre più forte. Un esempio molto noto ma visto da un'altra angolazione. Un medico parte per l'Africa e pensa di risolvere il problema delle malattie, è un medico e si offre con il suo bagaglio di motivi personali, crede fermamente che più si impegnerà più persone salverà, ed i risultati sono davanti ai suoi occhi. Poi appena riesce a sollevare lo sguardo impegnatissimo a salvare vite, si accorge che queste persone che escono dal letto operatorio vive e piene di possibilità appena fuori dalla porta, bevono acqua inquinata, mangiano cibo malsano, e vivono in mezzo ad una natura ostile e perniciosa. Il punto è che il meccanismo pur funzionando benissimo, non funziona. Il medico dell'esempio è un'insignificante rotellina di un ingranaggio che gira velocissimo ma senza alcun senso se non per lui, e le sue tasche. Come un criceto che gira vorticosamente nella sua giostra che vista da fuori è priva di senso nel suo roteare furiosa, anche se per il criceto è una fonte di impegno notevole. C'è chi decide di turarsi il naso e di monetizzare quanto più in possibile nel minor tempo possibile. È una politica dei bianchi molto diffusa lì a bordo piscina. A volte qualcuno cerca di avere iniziative originali. Ma qui si eleva un muro ben più forte del mare. Si chiama burocrazia e Lui ne ha imparato bene il suo significato più profondo, più orizzontale. Non ci sono differenze geografiche tra le burocrazie, ma un solo obiettivo, impedire di agire sulle leve che comandano gli ingranaggi. Quindi specialmente in Africa la sensazione che chi comanda sia fortemente aggrappato ai suoi privilegi è fortissima e totalizzante. La differenza tra chi comanda e chi ubbidisce è di una verticalità impressionante, a seconda della tua posizione sociale che puoi perdere al primo stormir di fronda, puoi passare dall'essere in un empireo dorato inimmaginabile per un occidentale, alla fame quella vera ed alle malattie, devastanti e mortali. Non esiste pianificazione e futuro ma un solo immenso e feroce presente che va sfruttato fino in fondo in un gretto egocentrismo che per necessità include i parenti più stretti e la propria etnia, gli unici punti fermi di cui ti puoi fidare.

Il profumo della pizza arriva inatteso sui suoi pensieri, l'ha fatta un bravissimo ragazzo italiano che vive ad Abuja da molti anni e si è specializzato nel farne una variante con ingredienti locali molto buona, in realtà accettabile per il raffinatissimo palato napoletano di Lei. Usando per lo più ingredienti locali intendendo i pomodori ed il basilico cresciuti in città e qualche ingrediente originale come la mozzarella che fa arrivare attraverso una catena del cibo molto controllata. Qualcuno mette un CD e si balla, si cantano vecchie logore canzoni italiane, in piscina qualcuno gioca a pallavolo facendo un fracasso infernale.

Il giorno dopo è l'anniversario della liberazione della Nigeria "independence day", come viene chiamato per ricordare la dipartita degli inglesi lasciando uno stato in macerie e governato anche peggio, all'origine di tutti i mali che oggi vediamo sbarcare sulle nostre coste senza sosta. La festa è un'occasione per riversarsi nelle strade e rivivere quel momento che nella testa dei locali deve essere stato magico. Il governo attuale non ha saputo far meglio che organizzare delle parate militari e delle dimostrazioni di sicurezza e forza, di cui l'ultima a cui tutti insieme assistono riassume nella sua tragicità il paradosso di queste situazioni. Degli aerei sfrecciano nel cielo emettendo scie di fumo colorato, e sfiorano i tetti delle case forse troppo pericolosamente, come facevano in Italia quando Lui era piccino ed i militari per mostrare la loro forza passavano rombando sulla folla. In un istante, due dei tre aerei che compiono le folli acrobazie quasi si sfiorano, è la tragedia. Ma nulla rimane tra gli spettatori, l'attimo di panico, il presente che diventa reale, e pochi minuti dopo, lasciando in lontananza il rogo degli aerei precipitati, ci si trasferisce in un'altra festa danzante, in centro, nel parco più grande e più bello della città. Una folla di donne in colori sgargianti che mangiano e ballano ritmicamente, divise a seconda dell'abito, uniforme nei colori bianco/verdi della nazione, ma spettacolarmente differente nelle sue fogge. Lei non può far altro che far notare la profonda differenza tra il modo che abbiamo noi bianchi di far festa, scherzando e ridendo per lo più stando in piedi con in mano qualcosa da bere o mangiare ed ogni tanto ballando dei balli molto individuali, mentre una festa nigeriana è un insieme caotico ma alla fine molto regolamentato di persone prima di tutto abbigliate in fogge importanti che evidenziano nelle donne le forme generose dei corpi e negli uomini tendono ad aumentarne le dimensioni, con abiti che si sviluppano nel senso orizzontale e verticale. Il tutto impreziosito di cappellini multicolori negli uomini e di pezze coloratissime e molto elaborate nelle donne. Ogni festa è occasione non solo di incontro, ma soprattutto per esprimersi in balli dai ritmi forsennati, dove ogni parte del corpo è messa in movimento per risaltarne le funzioni con ritmi impensabili per un bianco. In alcuni momenti si assistono balli che ricordano le sensuali movenze dei balli arabi del ventre, ma che in Africa diventano espliciti richiami sessuali agitati alla velocità incontrollabile del ritmo della musica. Poi ogni occasione del ballo è propizia per abbracciarsi per camminare, saltare e cantare assieme. È un delirio di felicità, niente in comune a ciò che può essere un evento nella formale e vecchia Europa. Tornano a casa in auto, in un traffico di persone, moto, auto inestricabile, ci vogliono ore per percorre pochissimi chilometri. Ognuno indipendentemente dalle sue origini è li a ballare felice, per rivendicare la sua libertà, per stringersi agli amici ed anche agli sconosciuti per fare nuovi incontri che nell'ossessione del presente possono decisamente cambiare e solo in meglio la propria vita.

LE GROTTE

Sono in tre, fuggono da un campo di prigionia in una regione remota dell'Africa, ma in realtà non fuggono vanno verso un punto ben preciso. Una storia vera sull'inutilità delle mete dell'uomo o forse sulla follia. Alla fine non fanno alpinismo, non fanno esplorazione non fanno assolutamente nulla, anzi in più rischiano di morire e quasi ci riescono, di fame. Poi tornano al campo e la loro vita esteriore porterà le conseguenze di questo atto per molti anni, quella interiore rinasce, li cambia.

No Picnic on Mount Kenya, è una lettura che si è ingurgitato in pochissimi giorni. La webradio è accesa, sta passando il brano di Paolo Conte "a muso duro". Un giorno come tanti, caldo, soffocante, Regina che prova in giardino i canti che farà domenica nell'interminabile messa che durerà tutta la mattina, Lei è su un campo vicino, ma forse farà tardi, ci sono problemi con gli insetti, questo vento, l' Harmattan ha portato con sé migliaia di insetti che non si riescono a debellare. Ted al solito sta guardando la sua soap sul telefono vicino al collegamento internet di casa, John è sparito dopo il giro in altopiano. Ma oggi è un giorno diverso.

Sono mesi che Lui è in contatto con Amos, ormai si sentono su base settimanale, lui assetato di quelle pochissime naire che gli verranno date, l'equivalente di 30€, e Lui solo per poter verificare la sua affidabilità. È un brav'uomo, che lavora in una delle 100 caserme alla base di Aso Rock, sorte per placare le ossessioni di una classe dirigente che crede unicamente nella propria salvaguardia ad ogni costo, che gira con venti auto blindate di scorta ed un'ambulanza equipaggiata per il primo intervento con le migliori tecnologie disponibili in caso di attentato. Amos ha un padre molto vecchio che lui teneramente chiama Baba, che in Gwari vuol dire tutto, ed ha un significato bellissimo perché vuol dire sapiente, stregone, vecchio e padre ma in maniera affettiva, colloquiale.

Aso Rock. Un gigantesco elefante grigio alto circa quattrocento metri che milioni di anni fa vagava libero nelle savane poi una freccia scoccata da un abile cacciatore lo ha fatto arrivare là, e là morire. Si vede molto bene la testa, la proboscide che si ripiega di sotto, la grande schiena che scende fino alla coda che qualcuno ha mozzato ed ha piantato come un trofeo poco lontano, e da cui sgorga inarrestabile una sorgente d'acqua potente che alimenta una foresta primordiale. L'occhio chiuso ed il grande orecchio completano il ritratto. Le vie di risalita sono pochissime, una "turistica" indicata da belle frecce bianche che sale dalla parte posteriore, ed una da aprire lungo la proboscide, fino alla fronte, che porta alla vetta, un punto indefinibile quasi un'increspatura sull'immensa schiena. Al centro della grande cima hanno eretto una specie di cappelletta con indicati in quadrupla fila per grado, i nomi degli eroici conquistatori, ovviamente tutti militari. Il posto è protetto a vista da guardie armate. Il motivo ufficiale è che da quella cima che sovrasta la città di Abuja con un buon obice si possono colpire tutti i punti strategici della nazione; meglio, con un binocolo ed una macchina fotografica si possono fotografare tutti gli obiettivi più sensibili. Le leggende, i passa parola dicono che una spia è già stata arrestata in quella zona e chissà che fine ha fatto. Sulla rocca vige un veto di accesso totale per i prossimi dieci anni.

Aso si chiama così da sempre, vuol dire vittoria in lingua Gwari, e rappresenta tutta la nazione Nigeria, ne è assurta a simbolo anche se spesso viene confusa con Zuma Rock, molto più commerciale e senza la sua bella storia

Gwari. Sarebbe meglio chiamarli Gbari/Gbagyi come tra loro si chiamano, Gwari è l'inglesizzazione (gli inglesi non riescono a pronunciare quella parola) sia del popolo che della lingua parlata. Sono stati la cultura dominante nell'area, famosi per la loro incredibile capacità negoziale. Alla rocca loro raccontano di aver dato quel nome per ricordare a tutti che è sita al centro di un popolo che non ha mai perso una battaglia pur senza mai aver usato un'arma. Forse è un po' esagerata questa affermazione alla luce della realtà attuale, che è la foto di una realpolitik che ha collocato a fine anni settanta, come improvvisata (qui tutto è improvvisato) soluzione ai conflitti interetnici la nuova capitale della Nigeria, Abuja. Sono arrivati ingegneri americani, operai italiani, architetti Giapponesi e con le ruspe hanno "spostato" l'indomito popolo sugli altopiani, ed hanno "fondato" la loro incredibilmente ricca capitale di plastica al centro della nazione. Ora i Gwari ti raccontano che loro sono i capi e gli altri sono lì con il loro permesso, gli altri, i vincitori, ti dicono che ai Gwari è lasciato libero accesso alle aree perché lì hanno i loro armenti e i loro campi, in caso contrario morirebbero di fame. Quindi abbiamo dei vincitori morali e dei vincitori ricchi di "pietas". La verità si rincorre e si trasforma come in contrappunto musicale.

Le ONG, la cooperazione internazionale, la banca mondiale, l'Europa, gli aiuti umanitari… in una parola l'Africa. Un punto molto controverso, decisamente troppo, ma quando si viene in Nigeria la nazione che rappresenta un continente, si scoprono molte cose interessanti. I suoi primi ricordi coscienti sono spesso presenti con l'immagine della mamma che lo esortava a mangiare ricordando le sofferenze dei bambini del Biafra che non avevano nulla di cui nutrirsi, e lui non capiva guardando le pance prominenti e i grandi occhi. Uno che muore di fame come minimo è magro, pensava. Il Biafra è in Nigeria, anzi a ben guardare il Biafra è e sarà la Nigeria del futuro. Quando questo succederà, se mai succederà, allora ci sarà un nuovo mondo. Gli riecheggiano in testa le parole di un libro bellissimo letto proprio prima di partire per prepararsi culturalmente, metà di un Sole giallo. Ma non si può pretendere di capire leggendo una pagina, e neppure leggendo un libro, bisogna calarsi nella realtà leggere i quotidiani locali tutti i giorni, parlare con le persone del luogo e con chi è venuto qua a lavorare, bisogna investire molto tempo, dare per ricevere, farsi coinvolgere. Andare a Malindi, in Kenya in vacanza, non vale.

Ma la cosa che più lo ha colpito fin ora è stato il confronto con gli aiuti all'Africa. Dopo i primi incontri dove si è sentito molto, ma molto coinvolto, dove ha capito ogni euro che si è trovato occasionalmente a regalare dove fosse andato a finire, dopo che gli sono stati raccontati i progetti, ed ha visto negli occhi dei cooperanti la soddisfazione di chi per anni fa un lavoro ingrato in zone terribili, e dopo essersi sentito un verme a non aver fatto nulla a non aver fatto di più, ad un certo punto è stato assalito come da un senso di vertigine, come quando si fa roteare la testa velocemente in palestra. Ha fatto discorsi molto profondi con gente molto competente, preparata, pluri-laureata, che parla un numero infinito di lingue inclusi i dialetti locali. Ha fatto questi discorsi in ambasciate, in cene elegantissime, nei mercatini di beneficienza per lo più organizzati dalle sfaccendate mogli dei funzionari internazionali, impegnatissime a gestire i figli che vanno puntualmente alla scuola americana (ma da quando gli americani hanno qualcosa da insegnare?), si è mosso in fuoristrada blindati sempre lucidissimi ed efficientissimi. Guadagnano migliaia di dollari al mese, sai sono in zone disagiate, pericolose, e fanno un lavoro di aiuto benedetto a livello internazionale, loro muovono gli aiuti, quelli veri.

E lui ogni volta si ritrovava a pensare al Biafra.

È la stessa sensazione che si ricorda di aver provato ad una conferenza al teatro Carcano a Milano dove delle persone tanto preparate quanto lontane dalla realtà di Milano, intelligentissimamente disquisivano; si parlava dei "barboni" di Milano e di come gestirne l'emergenza. Ma loro i barboni li avevano visti solo dalle stanze di Palazzo Marino, come un problema.

In questi pochi mesi di esperienza ha realizzato che parla con persone che si muovono in Jeep Toyota e in "totale sicurezza" su un territorio di cui non riescono neppure a percepire la temperatura esterna nella quiete della loro realtà termo condizionata. Si è chiesto, al di là dei programmi di respiro internazionale di cui non conosce né possiede gli strumenti per capirne la portata, quanto si può fidare delle loro raccomandazioni? Quanto sei in grado di spiegarmi dal tuo ufficio al ventesimo piano, di quello che succede nelle cantine, se non hai mai provato il sudore del 75% di umidità relativa?

Da tempo ormai ha deciso di muoversi sul terreno e di partire da zero, ovvero tutto ciò che gli viene raccontato dagli oyimbo deve essere verificato. È alla fine, con molta paura, sceso in strada, ha rotto le regole che gli venivano imposte dal buon senso, dai giornali europei, dall'Azienda.

Poi c'è stato il terremoto. E sui i giornali locali? Nulla ma proprio nulla, solo il Vanguard Nigeria, vagamente di sinistra, ha fatto degli articoli ma le ipotesi sono troppe ed alla fine si perde tutto nel nulla. Gli sta venendo un nuovo sospetto che non solo gli oyimbo pontifichino dagli uffici condizionati, ma anche questa recente intellighenzia locale, anche lei ricca di pluri-laureati in prestigiosissime università, che velocemente scopri essere delle lauree "ad honorem". Si ricorda di aver letto in un opuscolo locale che la Nigeria vanti persino un prestigioso Nobel per la fisica teorica, ma ha poi verificato che questo assegnamento è riconosciuto unicamente in Africa.

Ha appena finito di leggere un libro che ha avuto la fortuna di avere tra le mani, un libro difficile: "nel nome di Allah". Un periodo di questo lavoro lo ha colpito più di tutto il resto.

"*Si frenano le evoluzioni sociali moderne e le rivendicazioni democratiche che esse suscitano, iniettando a dosi più o meno massicce l'islamismo ed il bazar, che crea illusioni di prosperità e di libertà. In tutto il mondo islamico, negli anni 1970-1980 si assistette ad un boom economico senza alcun valore aggiunto, creato dall'abbandono delle politiche pubbliche, inevitabilmente dispendiose ma a lungo termine generatrici di progresso, e alla liberalizzazione selvaggia dell'economia nazionale. L'esistenza in vari paesi musulmani di una rendita (petrolio, miniere, turismo) permetteva di far funzionare senza troppe difficoltà un'economia di questo genere, poiché l'accoppiata islamismo-bazar riduce la domanda sociale alla sua espressione più semplice, e quindi facile da soddisfare. In tal modo si crea una spirale: la miseria alimenta l'islamismo, che a sua volta accresce la miseria, e così via.*"

Un libro scritto come fosse un manuale di consultazione di come l'islamismo abbia cambiato il modo di vivere nel nord Africa.

Qui in Nigeria, dove ogni angolo di strada è un bazar, il governo è in mano ai musulmani, su specifico desiderio inglese, da quando se ne andarono fino ad oggi, nel loro costante influenzare le elezioni politiche. Sono passati 58 anni, ma l'Inghilterra e il resto delle nazioni sono tutti ancora perfettamente compatti, al governo i musulmani, in Biafra l'etnia Igbo i biafrani, che non governeranno mai. Loro hanno i pozzi di petrolio, che si limitino a fare i commercianti.

La vertigine gli confonde le idee, dopo tutto questo tempo sente di non aver capito nulla, deve forse ripartire daccapo, non deve credere né agli oyimbo né ai grandi dignitari locali ed ai loro proclami, per vari motivi; non sa che pensare non ha strumenti per dire di più. Servono verifiche.

Gli oyimbo. Gli oyimbo che sono qua, la domenica non sanno cosa fare, e cosa fa un oyimbo che non sa cosa fare in Africa? La moglie piglia il Sole, l'uomo fa jogging. Sembra folle, tu corri scansando gente che dorme sul marciapiede, e muore di fame. Ma è così, è l'Africa bello!

Li vedi correre dappertutto, per strada, nei parchi, nei viottoli, nei boschi, a volte li vedi correre con la scorta… E sembra che i divieti, le paure, le ossessioni, in quei cinquanta minuti che dedicano a questo momento di libertà non esistano. Luoghi inaccessibili diventano abituali, con la complicità dell'assenza totale effettiva di controllo, con il lassismo del weekend, dove per lo più si prega, qualunque sia la tua fede, il tuo credo, l'importante è che preghi.

Quindi Aso Rock è il parco jogging degli oyimbo, li vedi dappertutto, correre tra i bambini dei villaggi che salutano, con le donne che chiedono ridendo se vai su in cima, in un clima di serena allegria. Poi quando si è fatto coinvolgere, ha scoperto che al di là di quello che viene ripetuto costantemente, ossessivamente, invece tutti ma proprio tutti quelli che ha incontrato sono affabili, cortesi, curiosi di lui, di quello che fa, di come vive, di dove vive. Che lo fermano e gli chiedono anche solo come va. E se ne vanno felici di aver scambiato due battute per qualche decina di secondi.

Quando poi si è fermato a parlare un po' di più allora molte delle notizie che ha letto sui giornali hanno assunto una realtà differente, molte sono vere e proprie bufale. Ricorda molto bene il terremoto ed i gas venefici e tutto quanto ne è risultato.

Poi un giorno incontra Amos, gli dice che ci sono delle grotte, delle grotte preistoriche, dove ci fanno tutt'ora dei sacrifici con periodicità annuale. Gli descrive così intensamente i riti, le convinzioni, i benefici, che non può resistere, decide di andare. La strada la conosce molto bene, ha spesso seguito altri oyimbo nel jogging.

Ma vuole essere certo che non ci saranno problemi, insiste allo sfinimento che vuole essere sicuro che ci siano i permessi, che in caso di casini tutto fili liscio.

Il posto è semplicemente meraviglioso, non c'è quel trascurato inquinamento della città, dove si cucina costantemente sui marciapiedi, dove ci si incontra al fuoco di carbone e di legna, dove i generatori vanno ininterrottamente per procurare l'energia per i condizionatori delle ville, ma i fumi sono scaricati in strada ad altezza uomo, per essere respirati dai poveri, dove le macchine normali, non i custom ordinati in America dai super ricchi, girano con motori vecchi assemblati e manutenuti con cura africana, producendo in alcuni casi delle colonne di fumo nero che oscurano temporaneamente il Sole ed anneriscono il parabrezza che Ted tiene in perfette condizioni alzandosi ogni giorno alle cinque di mattina per essere per le sette sul posto di lavoro, fuori dalla porta a lavare l'auto.

Sull'altopiano ci sono gli uccelli che gorgheggiano in mille differenti sfumature, ci sono ruscelli d'acqua che scendono dal monte ogni cento passi, si incrociano costantemente donne e bambini con uno sguardo completamente spensierato a cui gli piace rivolgersi con quel saluto Gwari che hai imparato e che suscita in loro una tale meraviglia che non sanno come rispondere, a volte in inglese a volte con un mormorio sconosciuto. C'è il vento sull'altopiano, quel vento che non si riesce ad apprezzare in città nella sua bellissima casa tutta condizionata, un vento che rende piacevoli quei quaranta gradi di Sole tutto attorno, e che lo fa camminare su un soffice sentiero di fango secco, ma che continua a conservare le sue caratteristiche di morbidezza grazie alla misteriosa composizione. Ovviamente il suo anfitrione non si è palesato, ma è normale, hanno sempre molto da fare da queste parti. Incontra una guardia, che molto sospettosamente lo ferma, scrupolosamente lo interroga, il suo inglese è accettabile, vuol vedere, sapere, comprendere. Superata la diffidenza iniziale, ora si parla del posto, ha capito che è amico di uno di lì, di un Gwari, per cui non ci sono sospetti, lo lascia partire e gli augura buon viaggio. Ne incontra un'altra, più o meno lo stesso cerimoniale, ma questo ha un fucile, oddio chiamarlo fucile è complicato, diciamo un tubo di ferro che con un meccanismo a scatto montato su un pezzo di legno che funge da calcio, potrebbe, avendo inserito un colpo, ar partire un'ogiva. Chissà se il tubo è rigato si ritrova stupidamente a pensare...Stesse domande di prima, ma poi viene il suo turno di fare le domande e il pseudo militare orgogliosamente gli fa vedere dei grandi uccelli che volano, e gli fa capire che quelli sono molto buoni da mangiare... Poi gli spiega qual è la strada migliore per evitare un crollo del sentiero causato da una recente pioggia, crollo che contano di sistemare nel breve. Quella è l'unica strada che collega le donne dei villaggi alla città dove vanno a vendere i loro prodotti, e deve sempre essere efficientissima. Le donne sono il collegamento tra i lavoratori e i mercati di città, alla mattina partono portando sulla testa chili e chili di prodotti della terra, e la sera tornano cantando e raccontandosi gli incontri e le peripezie del viaggio. Ci fosse una strada, potessero usare le moto degli uomini, ci impiegherebbero mezz' ora ad arrivare al mercato, ma loro non possono, devono andare a piedi, per cui partono la mattina con il carico sulla testa e devono essere indietro per il tramonto per preparare il cibo dell'unico pasto giornaliero.

Dopo una piacevole passeggiata incontra una donna con una ragazzina adolescente, vestite in maniera molto colorata e divertente con perline riflettenti in ogni dove. La donna spinge in avanti la bambina, che parla un accettabile inglese, e gli fa chiedere cosa mai ci faccia lui lì. Non appena pronuncia il nome del suo ospite, subito la donna riprende la strada mentre la bambina è felicissima di condurlo proprio a casa di Amos. Arrivano con lei che canta e lo chiama a gran voce, Amos però non c'è sta aiutando il padre, che compare da dietro un uscio sgangherato e cerca di comunicare prima a parole poi a gesti, ma le loro lingue, le loro simbologie sono troppo distanti, non c'è nulla che gli permetta di interconnettersi, solo i saluti e lo sguardo sincero degli occhi. Gli offre un posto all'ombra a fianco di una tomba con una croce sopra. Quando Amos verrà ci sarà una lunga pausa intorno alla pietra, e molto orgogliosamente dopo aver fatto sapere al Baba che è italiano, gli mostra la croce e gli dice: anche il mio Baba è cristiano. Quando Lui per cortesia gli chiede e tu? Amos ride e guarda oltre.

Dopo una pausa all'ombra di una grande papaia carica di frutti maturi Amos comincia a raccontare la storia del suo villaggio e l'inquadramento all'interno del territorio, mostrando con ampi gesti vari luoghi importanti e sacri. Mentre parla in maniera così naturale, in questo suo ambiente primitivo ma non nemico, gli viene in mente una canzone di Fela Kuti, "Yellow fewer", una canzone difficile da trovare in Europa, ma la ricerca vale la pena, sia per la musica, che sta alla base dei ritmi afroamericani, quelli che sono arrivati in America con gli schiavi, ma che si sono trasformati contagiandoci della loro felicità, sia per il profondo significato. Yellow Fever è una feroce satira dei costumi della sua gente che sta solo scimmiottando gli uomini bianchi, che si è dimenticata della loro storia, la febbre gialla che è una malattia ma non quella che si può intendere è una ancora più pericolosa, una malattia che fa allontanare i giovani dal territorio e li fa andare a vivere nelle bidonville ai margini delle città a vivere una vita anormale rispetto a quella che hanno perso, una malattia che fa spendere alle belle ragazze da marito i pochi e scarsi soldi in unguenti miracolosi che trasformano la pelle nera in bianca. In realtà in gialla...

Amos infarcisce il suo racconto dei miti del villaggio, della sua gente, dei Baba che sono al di sopra delle leggi perché loro sono la memoria in terra della legge divina.

Suo padre, il Baba del posto, comincia un rito molto semplice in cui però è fondamentale che ci sia l'acqua. È un vero peccato pensa, di non essersi portato una telecamera per riprendere quei semplici gesti, certamente artefatti per simulare una preghiera, ma tanto spontanei e rituali; se è un attore è un grandissimo attore. Fine, beve l'acqua mentre per un istante pensa con terrore che ora dovrà berla lui quell'acqua, ma il vecchio lo guarda negli occhi, forse capisce e gliene butta un po' sui piedi e fa un inequivocabile gesto per lasciarlo partire e si allontana senza girarsi. Amos lo conduce con quel passo Gwari che ha già avuto modo di apprezzare nelle sue precedenti escursioni, nel senso che Amos si muove con calma, agile e flessuoso con le sue ciabatte mezze rotte e tenute insieme da una serie di cuciture e rattoppi e Lui gli corre appresso ansimante e sudato come una vaporiera con le sue Nike per terreno accidentato, super rinforzate ai fianchi per evitare spiacevoli ed impreviste distorsioni ai piedi e non perdere mai la presa. Attraversano una serie di luoghi, alcuni coltivati altri selvaggi, dove si (Lui) inciampa facilmente sulle pietre nascoste dalla foltissima vegetazione. Intorno a loro una piramide di massi alla Wile Coyote li guarda da lontano, Lui la conosce molto bene, forse è la coda mozzata dell'elefante? Gliela indica, ma gli viene detto che è tabu. Lui là ci è già stato e Amos lo sa, lo ha visto da lontano, e molto gentilmente gli spiega che ha commesso un errore. Ma l'errore non è grave in quanto non sapeva di commetterlo. Quello è un luogo sacro, un luogo da cui gli antenati dominano tutto quanto c'è intorno, all'ombra della rocca, all'ombra di Aso, la vittoria.

Ricorda benissimo che in quella zona c'erano centinaia di cocci, e alla base del monolite c'erano una serie di forre verticali profonde più di una decina di metri, strette e buie, la voglia di tornarci è fortissima, ma lui dice che c'è bisogno di una dispensa speciale, se però ha una forte volontà di andare si può fare a gennaio quando tutti i Baba si riuniscono, e fanno la processione per i sacrifici. Allora loro faranno una menzione speciale al suo desiderio, e se verrà accolto potrà andare a fare ciò che vuole, anche piantarci dentro dei chiodi e salire là dove non è mai salito alcuno. I cocci sono i pranzi rituali, a gennaio da tempo immemore si va là, si consumano i pasti per due giorni e poi si buttano e si rompono i tegami in cui si è cucinato. È una forma di ringraziamento dice. Fa fatica a pensare che tutto questo sia solo per scucirgli qualche ulteriore Naira a gennaio, la storia è bella, la cerimonia deve esserlo ancora di più. Si mettono d'accordo per un nuovo incontro.

Intanto sono arrivati in un luogo fresco e quasi accogliente. Con fare cerimonioso Amos lo ferma sulla soglia dell'antro, un pertugio basso ma ben pulito dalla vegetazione, si inginocchia e comincia a camminare gattoni, butta manciate di terra in maniera rituale mentre progredisce all'interno, poi si siede si gira e lo guarda sorridente e gli racconta la storia di quel posto.

Un luogo difficile da abbracciare con lo sguardo, sono fermi in un ampio slargo della galleria in cui si sta comodamente seduti e al cui centro ci sono delle pietre posizionate con cura tra cui si notano alcuni utensili primitivi, è un posto dove si portano dei polli, e si procede con un rito complicato, in cui si cuociono e si mangiano le interiora e se ne beve il sangue, c'è stabilmente tutto l'occorrente per il rituale. Una conchiglia marina, molto antica ed incrostata delle dimensioni di una mano, che ha un foro da cui si beve l'acqua ed il sangue, una pentola in coccio molto decorata, e decisamente usata, una tanica di plastica per tenere sempre a portata dell'acqua potabile che sgocciola dal soffitto. Non è una vera grotta è più un riparo tra i massi, ma è molto intricato e ricco di passaggi che si perdono nel buio, già in un altro posto aveva notato che i massi di granito di questi luoghi, quando franano dall'alto si ammonticchiano, e poiché sono per lo più molto grandi e arrotondati, tendono a creare dei complicati labirinti in cui si passa ed in cui in certi ambienti si può stare in piedi. L'atmosfera è molto piacevole, c'è vento e si sta decisamente freschi. Il luogo si chiama Wugari. Alla fine del racconto, Lui insiste nel fare domande sui dettagli del rito ed immagina una folla di persone che attende all'esterno i risultati della propiziazione, mentre li dove sono seduti i Baba si consultano e cercano dei segnali dal cielo. Amos è molto paziente nell'esaudire tutte le richieste, alla fine il silenzio avvolge i due che restano per lunghi minuti senza parlare come se stessero meditando su quanto detto e quanto ascoltato. Non si sente alcun rumore. Amos ad un certo punto si alza e si dirige noncurante dell'altro verso l'uscita.

Si muovono ora verso l'altro sito, ce ne sarebbe anche un terzo, ma oggi non si può, gli dei non vogliono. Si arrampicano alla base della parete per un centinaio di metri, così camminando sulla roccia liscia e particolarmente aderente. Già intuisce la direzione, è chiaramente un ulteriore riparo. Si entra gattoni, anche qua Amos avanti di pochi passi si ferma e fa alcuni riti di ringraziamento, l'atmosfera è simile a quella del sito precedente. Ciò che fa in questo luogo la differenza è la tipologia del rito. Qua si sacrificano grandi animali, quando va male capre, quando va bene mucche, insomma dipende da cosa si vuole chiedere e da come è andato il raccolto precedente. Il posto si chiama Kamanyi, fuori ci sono trentacinque gradi, dentro dieci in meno, con un'umidità accettabile nonostante si sia in un ipogeo. Lui si è portato una montagna di strumenti, un registratore per poter conservare ogni parola di Amos, una macchia fotografica, un GPS per tracciare i percorsi, un termometro per la sua ossessione scientifica della meteorologia degli ambienti ipogei, e l'igrometro da cui non si separa mai.

Ritornano, la contrattazione monetaria per i servizi resi è un misto di occhi che si rivolgono al cielo e di sguardi sofferenti. Ha ormai imparato a condurla molto bene, ma in questo caso la fa solo per dovere, gli darebbe dieci volte tanto, solo a vedere dove e come vivono. Alla fine tutto si conclude con strette di mano, sorrisi e un pezzo di strada fatto assieme, per pianificare il ritorno della prossima volta a gennaio per il rito alla base del monolite, Si è ripromesso di tornare con gli amici giusti e di tentare di raggiungerne la cima inviolata, e ora permesso degli dei permettendo, dovrebbe essere tutto più facile.

Scendendo è un continuo incrociare donne che salgono con le ceste vuote, è andata bene oggi al mercato, salgono, sorridono continuamente, lo guardano e rispondono ridendo al suo saluto Gwari "sausu" buona giornata. È ormai arrivato, ha appena sentito al cellulare Ted che tra pochi minuti lo aspetta all'ingresso del parco, e chiama casa per avvisare che in dieci minuti, arriverà, purtroppo tardi per preparare il pranzo ma con un sacco di racconti. Poi come sempre nei film, quelli di infimo grado, tutto succede in uno spazio di pochi metri. Deve fare cinque metri di strada allo scoperto, senza vegetazione, e là sotto da qualche parte c'è un posto di blocco. Un posto che ha già incontrato altre volte, un posto di soldati particolarmente... non saprebbe come definirli, diciamo particolarmente particolari. Uno lo vede, gli fa il gesto di raggiungerlo, è a più di duecento metri di distanza, non avrebbe difficoltà a dire sì e poi a sparire tra la vegetazione, ma si sente sicuro della giornata molto positiva e dei due posti di blocco superati in precedenza. Scende lentamente, si incontrano, il militare ha una faccia abbastanza serena, vuol solo sapere che ci fa lui lì. Con calma gli spiega in brevissimo l'antefatto, come in precedenza agli altri, anche questa volta la sentinella vuole contattare Amos, che solertissimo lo informa di quanto avvenuto. Ma stavolta non va come sempre. Il soldato dice che deve informare il suo comandante per questo problema, sottolineando la parola problema, a nulla vale l'offerta palese di qualche naira per risolvere l'accaduto senza ulteriori eventi, lo sguardo della sentinella è molto puntiglioso. Il comandante si presenta sul posto in auto in pochissimi minuti assieme ad altre tre persone, sono tutti in borghese. Si ricomincia con la stessa sequenza di domande, Amos viene ricontattato, e Lui viene invitato a salire senza molte cerimonie. Il tragitto è breve si passa tra le baracche del campo, con interminabili file di panni stesi ad asciugare, e si arriva in una delle tante caserme alla base della roccia. Comincia a quel punto una strana processione di personaggi che a giudicare dal numero di stellette sull'uniforme e dal portamento Lui realizza essere sempre più alti in grado. Ognuno di loro brandisce un bastone di comando, tutti uguali, la storia di questo bastone meriterebbe una menzione a parte, è la solita storia di come nasce una tradizione, ma qua siamo in una caserma dove il bastone viene brandito con orgoglio, in realtà è un vezzosissimo ornamento femminile che i militari hanno assurto a loro emblema dimentichi che, per chi ne sa la storia continua ad avere la sua funzione leggiadramente femminile più che la sua rude rappresentazione militare. La giornata passerà fino alle cinque di pomeriggio in una serie di colloqui assieme ad Amos, che nel frattempo è intervenuto, da una caserma ad un'altra, rispondendo sempre alle stesse domande, entrambi, affiancati da persone molto cortesi, che palesemente non sanno come gestire il problema. Amos è nervosissimo ed insiste nel coordinarsi e dire sempre le stesse cose, in particolare che loro due si conoscono da tempo immemore, il suo Baba guarda a terra tristemente. Purtroppo gli interrogatori si svolgono in lingue differenti, Lui in inglese, Amos in Gwari, per cui non immagina, se non seguendo le espressioni del volto di Amos sempre più triste e depresso, cosa stia dicendo. Ad un certo punto un ufficiale tanto importante in grado quanto giovane, confessa guardandolo negli occhi che sarebbe libero di andarsene, in quanto non è in stato di arresto ma solo di fermo temporaneo, se lui firmasse per il rilascio, ma non se la sente, il suo capo vorrebbe però vederlo. Non si capisce cosa succederà ma è certo che c'è un cambio di situazione. Viene portato da solo, al centro della sicurezza nazionale. Un funzionario molto ossequiato dalle persone in abiti civili che vanno e vengono nell'ufficio, gli si para innanzi e lo informa che tutto è risolto, che non ci sono problemi, e che l'unico intoppo è causato dal fatto che le persone che lo dovrebbero prendere in consegna sono irreperibili. Passa ancora un tempo incalcolabile e poi arrivano i nostri, ovvero i militari italiani chiamati per le pratiche finali.

Entrano a passo marziale nell'ufficio del capo della sicurezza che ormai il tramonto è passato da un pezzo, passa un ulteriore lungo lasso di tempo, alla fine viene ammesso nella stanza dove ha avuto il precedente colloquio. L'atmosfera nella stanza è molto rilassata, un funzionario che veste una divisa della marina sta parlando con gli italiani di calcio e di pizza. Il comandante nigeriano è un profondo e raffinato conoscitore sia dell'Italia, che della Germania. È molto orgoglioso della sua nazione, ha una cultura interessante, delle opinioni precise, a Lui piacerebbe poter dire lo stesso di chi si vuole spacciare di essere il suo salvatore senza sapere dei suoi precedenti colloqui diretti e precisi con gli altri funzionari e che si è fatto una sua opinione molto chiara su chi abbia fatto cosa.

Sono le nove di sera è sulla via di casa. L'auto dei militari che lo sta riportando suona ininterrottamente un CD con il peggio della musica italiana, dalla Pausini a Ferro, fortuna che ad un certo punto scatta Vasco: liberi siamo noi, però liberi da che cosa? La mente si rilassa solo in questo istante, come se queste parole assumano un peso in tutto ciò che gli è capitato. Il comandante militare vestito come un pavone, durante il viaggio continua ossessivamente a far notare che c'è una zanzara in auto che non si riesce a debellare, e che potremmo essere punti. Beata Nigeria che con un pugno di zanzare potreste sconfiggere l'iper-tecnologico esercito italiano e non lo sapete. Nel lungo ritorno nella notte scortati da due auto blindate con mitragliatrici puntate nel buio, la mente si comincia a rilassare e due lacrime scivolano furtive. Lei a casa avrà passato una giornata di inferno, l'ultima chiamata risale a più di otto ore fa, sarà stata travolta dalle pressioni aziendali e da pensieri angosciosi figli della cultura allarmistica dei colleghi e della situazione. Non vede l'ora che tutto finisca e di essere assieme seduti a raccontarle gli eventi per filo e per segno.

Il giorno seguente, nonostante avesse ricevuto le scuse per il fermo dal comandante in capo della sicurezza nigeriana in persona, verrà convocato dall'azienda per una disamina dettagliata dei fatti, ed una precisa analisi delle responsabilità, perché viene dato per implicito che di sua esclusiva responsabilità si tratta. Il processo farsa, in nome degli interessi aziendali, si conclude con una sentenza già scritta in cui, rifiutandosi di sua spontanea iniziativa di lasciare l'Africa, come ritenuto opportuno dall'azienda, viene privato di tutti i vantaggi acquisiti, ovvero dello status di residente, e quindi viene espulso e viene messo a sua disposizione un volo di prima classe con partenza immediata per l'Italia. La permanenza della moglie viene tollerata, sebbene ritenuta parzialmente colpevole di non aver esercitato gli opportuni controlli per evitare che tutto ciò si fosse verificato. La giornata di interrogatori in azienda è intervallata da una serie di meeting con pittoreschi tipi italiani di vario grado aziendale, ma tutti accomunati da una sola cosa il sentirsi in dovere, dall'alto della loro esperienza nigeriana fatta di ristorante italiano – golf club – jeep blindata- scorta armata - aria condizionata, di fare lezioni di vita nigeriana. Tutti o urlando o parlando a filo di voce spiegando come ci si debba comportare. Sente questo rumore di sottofondo, e ripensa ogni volta ad un personaggio italiano bizzarro, incontrato una sera in un locale, seduto su un divano, una persona con grandi responsabilità che al centro di una situazione imprevista e abbastanza movimentata, gli diceva a filo di voce, io so come si fa qua in Nigeria, bisogna fare come la pelle del tasso, stare lì e non muoversi, che nessuno ti noti. È un atteggiamento che Lui conosce molto bene, l'atteggiamento di Cadorna a Caporetto, l'atteggiamento per cui noi italiani siamo molto famosi nel mondo assieme alla pizza ed al calcio.

Ted sta guidando verso l'aeroporto senza dire una parola, Lei gli stringe forte la mano, le sue guance sono rigate da lacrime che scendono lentamente in silenzio e lui fissa un punto lontano e pensa ad una distesa di fiori grandi come una mano di un colore giallo intenso e poco distante dei fiori rosso sangue che deve suo malgrado calpestare, ad una ragazzina che lo conduce sorridendo e cantando, in una piana battuta da un vento profumato, con gli uccellini che cantano, e lei che lo introduce orgogliosamente al Baba del suo villaggio all'ombra di un elefante addormentato. E invece il "tasso", oltre ai tanti, tantissimi soldi, tra tre anni, a casa cosa porterà? Il fatto di non aver coraggiosamente contratto la malaria?

Printed by Books on Demand GmbH, Norderstedt / Germany